駿台受験シリーズ

短期攻略 大学入学共通テスト 古文 改訂版

菅野三恵・柳田 縁 共著

駿台文庫

はじめに

この問題集は、「大学入学共通テスト」で出題される古文への対策用に編集されたものです。大学入学共通テストは、受験生の〈思考力・判断力・表現力〉を問うことを目的としています。そのために、従来型の一つの古文からの出題に留まらず、複数テクストを比べて、その内容を多角的な視点で判断することが求められる問題も出題されます。この問題集は、そういった出題にも対応できる力が養えるように工夫されていますから、演習を通じて力を伸ばしてください。

古文を読むことは一つの異文化体験です。昔の人が感動し、書き留めたことの中には、現代人が読んで共感できることもあれば、まったく視点が違うと驚くこともあるでしょう。そういった共感や驚きこそが、古文を読むことの楽しみの一つです。グローバルな社会の中で生きていくあなたがたは、自分たちの価値観・知識に固執するのではなく、多様な文化の価値観を知り、それらへの理解を深め、自分たちの文化との共通点・相違点を冷静に理解した上で、他者に敬意を持って異文化と共存していかなければなりません。古文を読むことで、日本文化のルーツを知り、その中に現代にも息づいている精神を発見したり、今とはまったく違う価値観を知ったりすることは、変化し続ける現代社会を生きていく上で必ずあなたの力になることでしょう。現代社会の流れは速く、十年単位で変わっていくもの・失われていくものがたくさんあります。その中で、千年以上残ってきた古文にはいったい何が描かれているのでしょうか。一言では語れない古文の世界の魅力や本質の一端に、受験勉強を通して触れることができたら――。実はそんな壮大な願いをこめて、この問題集を編集しました。もちろん、みなさんが大学入学共通テストで希望の点数をとれることが目標ですが、それに留まらず、古文の勉強があなたの生きる力の根っこを育てる役目を果たすことを願ってやみません。

菅野三恵・柳田 縁

目次

この問題集の特長と使い方

オリジナル問題10題を、難易度によって易から難へ、また**大学入学共通テストの特徴がバランス良く出現するように配列**しています。できるだけ多くの分野の文章に触れられるよう配慮してありますので、この問題集に取り組むことを通して古文の世界への理解が深まり、取り組むほどに力がついていきます。

◆読解力の養成

「単語と文法」。古文で大切だといわれるこの二点の知識抜きでは古文を読むことはできません。しかし、覚えるべき事項を一通り学習したにもかかわらず、やはり古文ができないという人がいるのも事実です。なぜでしょうか。それは、せっかく覚えた内容を運用できていないからです。「この単語の訳は、コレとコレとコレ」、「この助動詞の意味は、コレとコレ」と羅列して言えるだけでは、古文を読むことはできません。複数ある意味の中で、今はどの意味なのかを、自分で判断して見極める力がなければ、宝の持ち腐れです。この問題集は、内容読解に必要な運用力を養うための問題を集めています。

◆バラエティに富んだジャンル

この問題集では、物語・説話・歌論・軍記・近世の随筆など、ジャンルが偏らないように問題が選ばれています。自分にとって、理解しにくいジャンルがある場合、そこがあなたの実力を伸ばすチャンスです。問題文はすべて厳選された良問ですから、単に答え合わせをするだけでなく、苦手なジャンルについても、その内容を深く理解することが、今後の力となることはいうまでもありません。

◆複数テクストの練習

複数の文章を読むといっても、そのパターンは一つではありません。〈テーマの同じ古文が複数出題される形〉、〈相反する内容の古文が複数出題される形〉、〈本文の一部について、別の視点から説明した古文が出題される形〉、〈本文に関連する現代文が出題される形〉など、他にもまだまだ出題のパターンは考えられます。しかし、どのような形で出題されても、それぞれの文章の本質が捉えられていれば、正解にたどり着くことはできるはずです。この問題集は、様々なパターンの複数テクスト問題を集めていますから、これを学習することで、自信を持って複数テクスト問題に取り組むことができるようになります。

◆和歌の練習

皆さんが苦手としているものの一つに和歌があります。しかし、古文の世界においては、和歌は日常のコミュニケーションツールとして不可欠のものです。和歌は、それだけを取り出して学習してもあまり効果はありません。それが文章の中でどのような役割を果たしているかを理解することが大切で、「誰が・誰に・何を伝えようとして」和歌を詠んでいるのか、という視点を持つことが重要です。現代人にとっては馴染みの薄いものである和歌に、なるべく多く触れ、その表現に習熟できるよう、この問題集ではさまざまな和歌を含む文章をとりあげています。

◆この問題集の使い方

①　まず、1題15~20分を目標として、問題文を読み、設問に解答する。
（問題冊子の最後にマークシートが付いていますので、練習用にコピーして使用してください。）

⇩

②　〈答え合わせ〉をする。

⇩

③　時間をかけて、読み直し、考え直す。特に、〈答え合わせ〉の結果、自分が正答できなかったと判明した設問については、自分が気づかなかった〈正答〉の根拠は何か、自分が選んでしまった〈誤答〉のどこに間違いがあるのかを、解説を読む前にもう一度考えてみる。

⇩

④　解説を読む。現代語訳に目を通してきちんと解釈できていなかった箇所をあぶり出し、問題点を解決する。設問の解説を読み、解答の道筋（特に③で考えたこと）について確認し、今後の学習に生かすべきポイントをつかむ。

⇩

⑤　解答に必要な知識（文法・語法・重要単語・古文常識・和歌の修辞・文章表現についての知識など）を覚える。

⇩

⑥　仕上げとしてもう一度、現代語訳を熟読し、文章を数回音読する。

⇩

⑦　時間が経ってからもう一度問題を解き直し、きちんとした筋道で解答できるかどうか、知識が身についているかどうかを確認する。

大学入学共通テストの国語の問題構成と古文の特徴

〈国語の問題構成〉

大学入学共通テストの国語は、試験時間**90分**、次の**五つの大問**から成る問題構成です。

大問	出題分野	題材	配点
第1問	近代以降の文章（現代文）	論理的な文章 文学的な文章 実用的な文章	3問110点
第2問			
第3問			
第4問	古典	古文	45点
第5問		漢文	45点

〈古文の特徴〉

◆**出題される文章は？**

【ジャンル】

物語系の文章はもちろんですが、評論（近世の国学）系の文章や随筆・紀行文など、さまざまなジャンルからの出題も考えられます。

【分量】

一つの文章の出題でも、複数の文章の出題でも、古文の分量は合計で一一〇〇～一三〇〇字程度が予想されます。ただし、古文の本文だけでなく、設問中にあげられる解説文や対話文・選択肢を含めると、かなりの分量になります。

【複数テクストの比較】

古文の文章が二～三つ並べられる形や、古文の文章＋解説文・鑑賞文、現古融合文、古文の文章＋設問に他の文章があげられる形などが考えられます。それぞれの文章の内容を読み取ると同時に、それらの関連性を把握したり、比較して内容の異同を考察したりすることが求められます。

◆**設問内容は？**

〔**古文単語**〕〔**古典文法**〕〔**和歌修辞**〕の知識や運用力に基づき、**【部分的な把握】【全体の把握】【テクストに基づく考察】**を試す問題がバランスよく出題されます。

〔**古文単語**〕

文脈の中での適切な解釈力が問われます。語そのものの意味や成り立ちを理解しつつ、派生的な意味や文章の中での用いられ方を確かめ、語彙力を高めていきましょう。

〔古典文法〕

単純な文法識別問題ではなく、文法の知識を使って文章内容を把握する力が問われます。内容理解を問う問題にも文法問題の要素が含まれている場合があります。正しい品詞分解ができることを前提に、助動詞・助詞・敬語の意味用法や訳し方を内容理解につなぐための力を養いましょう。

〔和歌修辞〕

枕詞・掛詞などの基本的な和歌修辞の知識も必要です。加えて、和歌が詠まれた経緯や和歌自体の意味について、地の文の内容との対応を考えながら読み解く練習を積んでいきましょう。

【部分的な把握】

語句の解釈や文法に関する問題は、傍線部の語句・文法の知識はもちろんですが、傍線部の前後や文章全体の内容の把握も必要です。傍線部の内容に関連する事情・心情・理由などにも注目し、語句や助動詞・助詞・敬語が文章の中でどのように用いられているかを考えて選択肢を吟味しなければなりません。

【全体の把握】

段落ごとの内容や文章全体の話の流れをつかむことが求められます。一連の文章を全体として把握するためには、物語系なら、場面の状況を把握し、話の展開や人物の心情の変化について、段落ごとの内容やつながりを意識して読み進めることがポイントになります。評論系なら、因果関係や対比などに注意して、筆者が何をどのように考察してどのように結論付けようとしているのかを読み取ることが重要です。

【テクストに基づく考察】

共通テストの大きな特徴である問いで、高度な思考力・判断力が試されます。複数の文章などが示される形になりますので、まずはそれぞれの文章を的確に読み取るために、右記の〔古文単語〕〔古典文法〕に基づいた【部分的な把握】【全体の把握】の姿勢を貫くことが不可欠です。さらに、その内容を客観的に見て、他のテクストとの共通点や相違点を考察する思考力が求められます。

第1問 『本朝美人鑑』

解答・解説2ページ

次の文章を読んで、後の問い（問1～5）に答えよ。なお、設問の都合で本文の段落に1～4の番号を付してある。（配点 45）

1 吉野の（注1）内裏に仕うまつれる弁内侍といひし人は、後醍醐の帝の忠臣、（注2）右少弁俊基朝臣の娘なり。帝、吉野へ移らせ給ひし頃、召し具しおはしまし、その昔、父朝臣、君の御ために身を滅ぼしけることなど、(ア)いとかしこく思し召し、忘れさせ給はざれば、「せめてそれが形見」などねんごろに仰せ下されける。この内侍、天性かたち心ざま世に類ひなく、文の道うとからずして、和歌の名人たり。かれこれ備はれる女性なれば、（注3）帝もまたいたはり聞こえさせ給ふ。

2 ひととせ、（注4）師直、皇居を襲ひし頃、ほのかにこの内侍のうるはしきかたちを伝へ聞き、いつしか重き悩みとなれり。これによりて、京よりある人を語らひ、かの内侍のゆかりなる人のもとへ、「何となく領地など(イ)参らせ侍るべし。あなかしこ、（注5）住吉詣でに事よせ、密かにこの内侍をたばかり出だして給へかし」など、いとねんごろに言ひやりける。もとより、この師直は威勢といひ、現なき色好みにしてあくまで富み栄えたれば、かりそめの仲立ちにも（注6）小袖を遣はし、金銀を贈りけるほどに、なびかぬ者なく、本意をとげざることなし。されば、この内侍への仲立ちにもいかばかりの賄をかしたりけむ、つひにたばかりて住吉へ詣でさせけり。その道すがらの山陰に、師直が手の者、あまた隠しおきつつ、やすやすとこの人を奪ひ取りたり。さて、武士ども多く輿の周りを囲み、足を早めて行きける。内侍はかくすかしとらはれたるとは夢にもわきまへ給はねば、「あな恐ろし。こはそもいかなることぞや」と心惑ひ肝つぶれ、涙にくれつつうつぶし給へり。

3 かくて道のほど二里ばかりも過ぎぬる頃、（注7）楠正行、吉野殿より召させ給ふとて（注8）本国より皇居のかたへ赴きけるが、幸ひこの道を通るほどに、あやしき輿に行きあひたり。正行立ち止まり、人をもて「これは誰人の通り給ふにや」と問はせければ、

「苦しからぬ御方なり。忍びの物詣でましますなど偽り名をとなへて返答するほどに、正行も不審ながら「さこそあるらめ」と思ひて行き違はむとするに、輿の内の人泣き叫ぶ声聞こえければ、いよいよあやしみて輿の隙間より覗き見ければ、弁内侍なり。「さてはこの人をすかし出だしたるにこそ」とやすからずおぼえ、理不尽にその輿を奪ひ返し、「おのれらは何者なれば、かくははからふぞ。ありのままに明かすべし」と言ふほどこそあれ、太刀を抜き、切つてまはれば、敵もしばらくは(ウ)あしらひしかども、つひに追ひ散らされ、行方知らず失せけり。

4　正行、やがて内侍を引き連れ吉野殿へ参りて、かくと奏しければ、帝、二なくよろこばせ給ひ、やがてこの局(注9)を正行に下さるべきよし、勅定しきりなり。正行この御請けをば何とも申さずして、一首の歌を捧げたり。

X　とても世にながらふべくもあらぬ身の仮の契りをいかで結ばむ

と聞こえて、つひに辞し奉りけり。その後ほどなく、正行、河内国四条畷(注10)にて大軍の敵にも見合ひ、比類なきはたらきして君のために討ち死にしけるにぞ、はじめてこの歌の心を思ひあはせられて、いとあはれに申しあひける。

（『本朝美人鑑』による）

（注）
1　吉野の内裏――後醍醐天皇が南北朝時代に吉野山（現在の奈良県南部）に置いた南朝の御所。後出の「吉野殿」も同じ。
2　右少弁俊基朝臣――日野俊基。鎌倉時代後期の貴族で、後醍醐天皇に登用され、倒幕計画に参加した。
3　帝――後村上天皇。後醍醐天皇の子で、父の遺志を継ぎ、南朝二代目の天皇となった。
4　師直――高師直。南北朝時代の武将。足利尊氏の執事で、尊氏とともに後醍醐天皇に反逆した。
5　住吉――現在の大阪市住吉区にある住吉神社。
6　小袖――袖の短い着物。
7　楠正行――南北朝時代の武将。南朝方の中心であった楠正成の長男で、父の死後、楠の軍勢を率いて北朝方と戦った。
8　本国――楠軍の拠点である河内国。現在の大阪府東部。
9　この局――弁内侍のこと。
10　四条畷――現在の大阪府四條畷市。

問1 傍線部(ア)〜(ウ)の解釈として最も適当なものを、次の各群の①〜⑤のうちから、それぞれ一つずつ選べ。解答番号は 1 〜 3 。

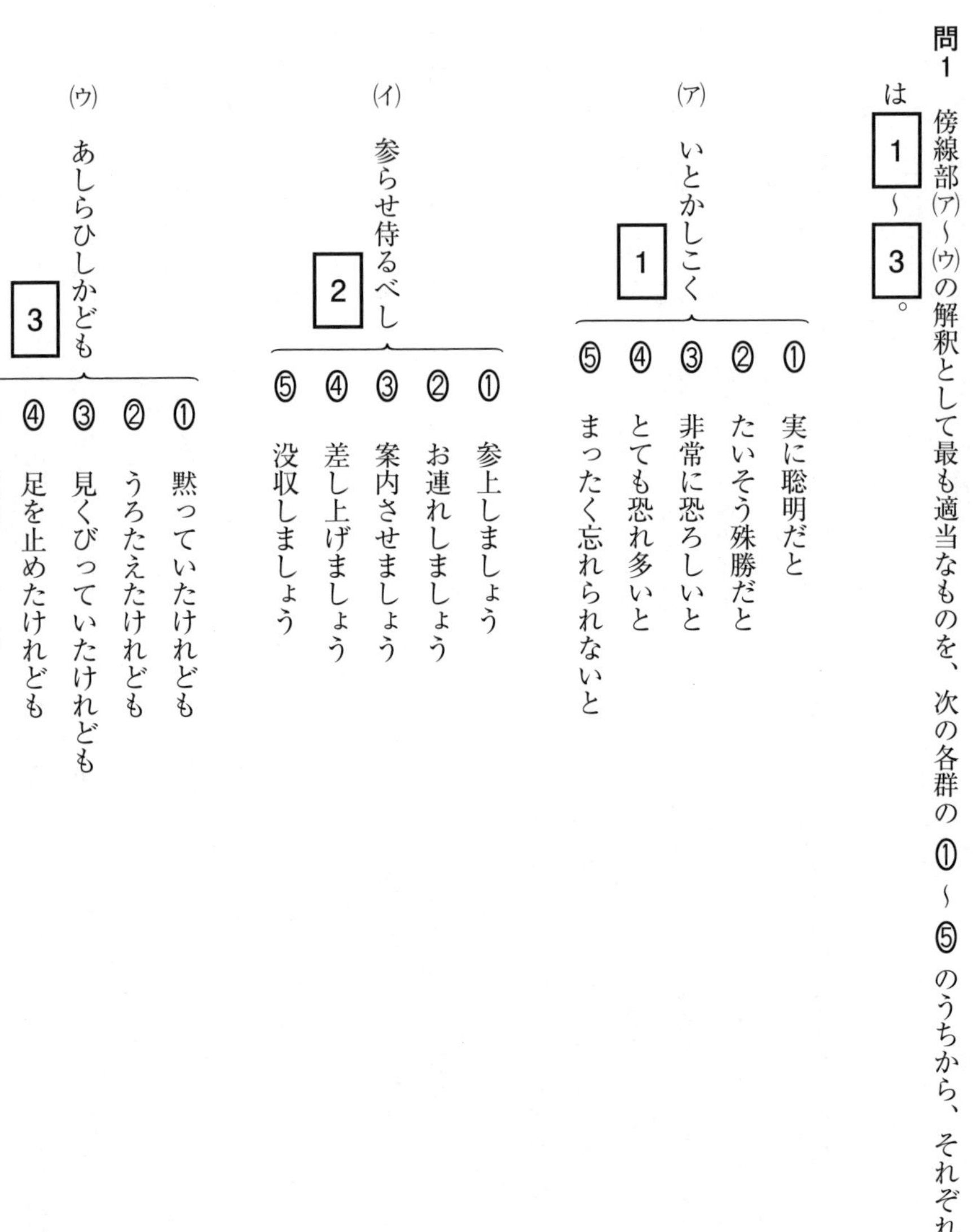

(ア) いとかしこく 1
① 実に聡明だと
② たいそう殊勝だと
③ 非常に恐ろしいと
④ とても恐れ多いと
⑤ まったく忘れられないと

(イ) 参らせ侍るべし 2
① 参上しましょう
② お連れしましょう
③ 案内させましょう
④ 差し上げましょう
⑤ 没収しましょう

(ウ) あしらひしかども 3
① 黙っていたけれども
② うろたえたけれども
③ 見くびっていたけれども
④ 足を止めたけれども
⑤ 抗戦したけれども

問2　1・2段落の内容に関する説明として最も適当なものを、次の①～⑤のうちから一つ選べ。解答番号は 4 。

① 日野俊基は、自分が後醍醐天皇のために命を落とした後は、自分の身代わりとなって後醍醐天皇に心からの忠義を尽くしてほしいと、娘である弁内侍に伝えていた。

② 師直は、皇居を襲った際に、才色兼備の女性として名高い弁内侍の美しい容貌を見て一目惚れし、弁内侍を連れ出して一緒に住吉詣でをすることを思い立った。

③ 弁内侍の縁者は、師直から賄賂（わいろ）を贈られたことに心を動かされたためか、師直の意向に従って弁内侍をだまし、住吉詣でに出掛けるようにうまく取り計らった。

④ 師直の手下の者たちは、いともたやすく弁内侍を輿から連れ出したが、周囲に護衛の武士たちが大勢いたことに恐れをなし、弁内侍を置いて足早に立ち去った。

⑤ 弁内侍は、師直が自分をだましていたということに気付きもしていなかったので、気が動転するあまり涙にくれながら助けを求めて師直にすがりついた。

問3 二重傍線部「『これは誰人の通り給ふにや』と問はせければ、『苦しからぬ御方なり。忍びの物詣でまします』など偽り名をとなへて返答する」の語句と表現に関する説明として最も適当なものを、次の①～⑤のうちから一つ選べ。解答番号は 5 。

① 「誰人の通り給ふにや」の「に」は断定、「や」は反語の用法で、輿に乗っている人は弁内侍本人だと確信する気持ちを表している。
② 「問はせければ」の「せ」は使役の用法で、正行が自分の従者に事情を尋ねさせたということを意味している。
③ 「苦しからぬ御方」の「ぬ」は打消の用法で、輿に乗っている人は痛めつけられているわけではないということを意味している。
④ 「物詣でまします」の「まします」は尊敬語で、住吉神社の神への敬意を表している。
⑤ 「偽り名をとなへて返答する」の主語は師直の手下の者たちで、主君である師直の名を偽って正行に答えたということである。

問4 3・4段落の内容に関する説明として最も適当なものを、次の①～⑤のうちから一つ選べ。解答番号は 6 。

① 正行は、高貴な女性が人目を忍んで乗っている様子の粗末な輿とすれ違ったことを幸運に思った。
② 弁内侍は、正行が自分の窮状に気付いてくれることを期待して、わざと大きな泣き声をあげた。
③ 師直の手下の者たちは、誘拐を咎（とが）める正行の言葉を遮って太刀を抜き、正行に襲いかかった。
④ 正行は、弁内侍を救い出して無事に吉野の御所へ送り届け、後村上天皇に事の次第を報告した。
⑤ 後村上天皇は、正行に褒美として弁内侍を与えるという勅定を出し、和歌を詠むように命じた。

問5　和歌Xやそれに関連する内容について、後の(i)・(ii)の問いに答えよ。

(i)　和歌X「とても世にながらふべくもあらぬ身の仮の契りをいかで結ばむ」に表れている正行の心情の説明として最も適当なものを、次の①～④のうちから一つ選べ。解答番号は 7 。

① 後村上天皇への忠誠を誓った自分は、この世に生きている限りは他の主君に仕えるつもりはない。

② 前世からの因縁に逆らうことはできないと悟った自分は、この身は仮のものだと考えて戦地に赴く。

③ 近いうちに合戦に赴いて死ぬことになる自分は、妻を迎えて現世での幸福を望むわけにはいかない。

④ もう先が長くない身である自分は、現世で手柄を立てることは諦めて来世で極楽往生を遂げたい。

(ⅱ) 次に示す【資料】は『太平記』の一節で、正行が、和歌Xを詠むに至った出来事の後、「四条畷」の戦いに赴こうとする場面である。【資料】の和歌Y「かへらじとかねて思へば梓弓なき数にいる名をぞとどむる」について、本文の[4]段落をふまえた説明として最も適当なものを、後の①～④のうちから一つ選べ。解答番号は[8]。

【資料】

正行、首を地につけて、とかくの勅答におよばず。ただこれを最後の参内なりと、思ひ定めて退出す。正行・正時・和田新発意・舎弟新兵衛・同紀六左衛門子息二人・野田四郎子息二人・楠将監・西河子息・関地良円以下、今度の軍に一足もひかず、一所にて討ち死にせんと約束したりける兵百四十三人、先皇の御廟(注1)に参りて、今度の軍難義ならば、討ち死に仕るべき暇を申して、如意輪堂(注2)の壁板におのおの名字を過去帳(注3)に書き連ねて、その奥に、

Y　かへらじとかねて思へば梓弓なき数にいる名をぞとどむる

と一首の歌を書き留め、逆修(注4)のためとおぼしくて、おのおの鬢髪を切りて仏殿に投げ入れ、その日、吉野をうち出でて、敵陣へとぞ向かひける。

(注)
1　先皇の御廟――先帝である後醍醐天皇の墓。
2　如意輪堂――奈良県吉野郡吉野町の寺院。
3　過去帳――寺院で、檀家の死者の名などを記録しておく帳簿。ここでは、やがて過去帳に載ることになる名を壁板に書いている。
4　逆修――生前にあらかじめ死後の冥福を祈って仏事を行うこと。

①　正行は、天皇に取り入るために弁内侍を救ったと世間の人々に誤解されたことを恥じ、取り返しのつかないことをしてしまったという自嘲を、**【資料】**の和歌**Y**で「かへらじ」と詠んだ。

②　正行は、弁内侍を妻にしたいと後村上天皇に不躾にも申し出たのは、実は以前から弁内侍に密かな恋心を抱いていたからだという弁明を、**【資料】**の和歌**Y**で「かねて思へば」と詠んだ。

③　正行は、後村上天皇の勅定に素直に従わなかったことを深く反省し、今後は微力ながら天皇に忠誠を尽くそうという意気込みを、**【資料】**の和歌**Y**で「梓弓なき数にいる」と詠んだ。

④　正行は、有事の際には命を捨てて戦う覚悟をしていたので、見事に討ち死にを果たした武士の一員に自分も加わるつもりだという決意を、**【資料】**の和歌**Y**で「名をぞとどむる」と詠んだ。

第2問 『雨やどり』

解答・解説10ページ

次の文章は、『雨やどり』という物語の一節である。五年ほど前の夏、長谷寺参詣の帰途にあった姫君は、突然の雨を避けるためにある家に寄ったところ、そこに来合わせた中納言に見初められ一夜の契りを結んだ。互いに名も知らぬまま、姫君は一首の歌を扇に残して去っていった。姫君を忘れられず嘆いていた中納言は、ある日宮中で、御匣殿の扇に記された筆跡を見て、この御匣殿こそ探し求める姫君だと確信する。本文は、中納言が宮中で見つけた扇を持ち帰った場面に続くものである。これを読んで、後の問い（問1～5）に答えよ。なお、設問の都合で本文の段落に1・2の番号を付してある。（配点 45）

1 昔の扇に見合はせ給へば、つゆも違はねば、「一夜の夢の後は、忘るるひまなく思ひ明かし侍る心の闇、せんかたなくなど思ふ心末にて、この扇見て見あらはし侍るに」など書き給ひて、一夜の扇にありし扇を取り添へ、御装束はなやかにし給ひて、御匣殿の御局をうちたたき給へば、「あやし、誰なるらん」と童追ひ出だして見させ給へば、「これを(ア)参らせ給へ」とて、御ふところより文取り出だし、童に預け給ふ。持ちて参りたれば、何の文ぞやと取りて御覧ずれば、昔の扇にありし扇を取り添へて、上に、

かたみとて書きとどめける水茎(注2)のあとみるたびに袖ぞ濡れける

これを見給ふにも涙もよほす心地して、あはれにも不思議におぼしけれど、知れる人とては乳母ばかりなり。さらぬ女房たちは夢にも知らぬ人々なれば、待ち顔ならんもつつましくて、「もし御人違へにや」とて、扇ばかりをとどめて文をば返し給ふ。童立ち帰りて中納言殿をたづね奉りけれども、見え給はず。この由を童申して文参らせければ、いかがせんと思すに、人々参る気色なればさりげなくもてなして、ひき隠し給ひぬ。御乳母聞きて、いとほしくもあはれにもおぼえて、「はや知

り給ひぬるにこそ。これも神仏の御はからひなれば、あるやうあらん」と頼もしくて侍りける。

2　かくて文日々にひまなく通ひつつ、みづからも常にたたずみありき給ふ。乳母を呼び出して語らひ給ふ。「一夜の夢の後は、御行方(ゆくへ)をだに知らで思ひ嘆きし心のうち、かこつかたなきままに、朝夕神仏にのみ祈り申すしるしにや、思ひかけず受け給ひぬれば、うれしさも(イ)おろかなる心地して」など、涙うち添へつつ語り給へば、乳母、げにもと思ひ、すずろに袖をぞしぼりける。「ただ、いささか人づてならで年月のことを申し聞こえたくて」とあながちにのたまへば、乳母参りてこの由を申す。「いさや、昔、思ひかけざりしことだにくやしく悲しく侍るに、また重ねていかが。人聞きも心憂し。身にもことに口惜しかるべし」など御心強(みこころづよ)くのたまへば、(ウ)聞こえ煩(わづら)ひて過ぐるほどに、中納言、「かくのみ申すとも、かひなくてはいかがせん。ただ、いささか申すべきことあれば、おはする所へみちびき給へ」とのたまへば、乳母、げに初めたる御事にてもおはしまさねば、さもこそと思ひて、静かなる夜、御物語申して、里へ出でざまに、中納言の御袖を控へて押し入れまゐらせて逃げ侍りぬ。

(注)　1　ありし扇――先頃の宮中で見つけた扇。
　　　2　水茎のあと――筆跡。

問1 傍線部(ア)～(ウ)の解釈として最も適当なものを、次の各群の①～⑤のうちから、それぞれ一つずつ選べ。解答番号は 1 ～ 3 。

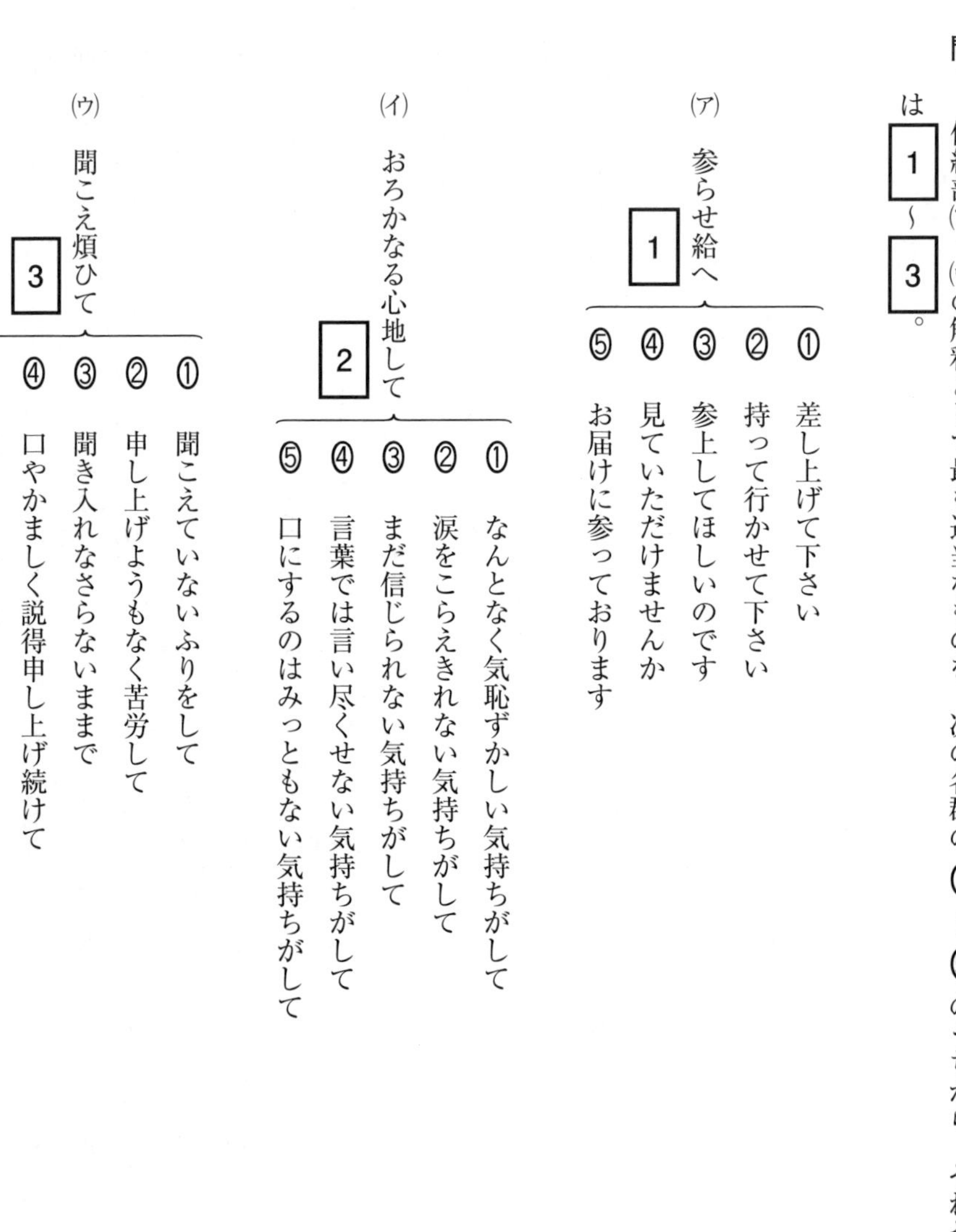

(ア) 参らせ給へ 1

① 差し上げて下さい
② 持って行かせて下さい
③ 参上してほしいのです
④ 見ていただけませんか
⑤ お届けに参っております

(イ) おろかなる心地して 2

① なんとなく気恥ずかしい気持ちがして
② 涙をこらえきれない気持ちがして
③ まだ信じられない気持ちがして
④ 言葉では言い尽くせない気持ちがして
⑤ 口にするのはみっともない気持ちがして

(ウ) 聞こえ煩ひて 3

① 聞こえていないふりをして
② 申し上げようもなく苦労して
③ 聞き入れなさらないままで
④ 口やかましく説得申し上げ続けて
⑤ 頑固さに手を焼いて

問2　二重傍線部「一夜の夢の後は、忘るるひまなく思ひ明かし侍る心の闇、せんかたなくなど思ふ心末にて、この扇見て見あらはし侍るに」についての説明として最も適当なものを、次の①～⑤のうちから一つ選べ。解答番号は［4］。

①「一夜の」は、「の」が主格の格助詞で、姫君と過ごした一晩が、その後、はかない夢となってしまったことを表している。

②「忘るる」は、「るる」が自発の助動詞で、時間の経過とともに自然と記憶が薄れていくことを表している。

③「せんかたなく」には、姫君が名を偽ったことは仕方がなかったと理解を示す中納言の心情が表れている。

④「見あらはし侍る」は、「侍る」が丁寧語で、姫君への敬意が示されている。

⑤昔も今もまったく変わることない姫君の筆跡の素晴らしさを姫君に伝える意図で中将が書いたものである。

問3　［1］段落における姫君の心情や行動についての説明として最も適当なものを、次の①～⑤のうちから一つ選べ。解答番号は［5］。

①予期しない訪問客を不審に思ったので、何か理由を付けて客人を追い出すようにと召使いの童に言い付けた。

②あなたの筆跡を見る度に涙が流れると詠まれた歌を見ても何のことか思い当たらず、乳母に心当たりを尋ねた。

③思いがけない手紙に懐かしさを覚えながらも、ともかくも他の女房たちの目が気になって平静を装った。

④他の女房たちに誤解されては困ると思い、女房たちの前では「人違いだ」と嘘（うそ）をついて、扇と手紙を隠した。

⑤召使いの童に手紙の主の行方を探させたが見つからなかったので、乳母に頼んで、中納言に伝言をした。

問4　2段落における中納言の言動についての説明として最も適当なものを、次の①～⑤のうちから一つ選べ。解答番号は 6 。

① 扇と和歌を送って以降も、毎日のように姫君に手紙を送り、乳母に対しても仲介を頼む手紙を書き続けた。

② 「一夜の別れの後は、姫君の行方を探して神仏に祈ったがその甲斐もなかった」と泣きながら乳母に語った。

③ 「姫君に会えない日々が続くので、このままでは昔のように後悔することになってしまう」と乳母に泣きついた。

④ 「姫君を忘れずにいた自分の気持ちを、直接、姫君に知らせたいので便宜を図ってくれ」と乳母に懇願した。

⑤ 「おまえが実家に帰る折に、こっそりと自分を姫君の部屋に入れてくれないか」と乳母をそそのかした。

問５　次に示すのは、授業で『雨やどり』を読んだ後の、話し合いの様子である。これを読んで、後の(i)・(ii)の問いに答えよ。

生徒Ａ――思い出の品を手がかりに姫君を探し続けた中納言はとても一途だなあ。この二人はどうなるんですか。

教　師――深い愛情で結ばれた二人ですね。この後、二人はふたたび逢瀬を持ちます。次に掲げるのは、一夜を過ごした後に、名残を惜しみつつ自邸に帰った中納言が姫君に送った後朝（きぬぎぬ）の和歌とそれに対する返歌のやりとりの場面です。

> むすぶ手の雫（しづく）やいとど染めつらんけさの袂（たもと）をほしぞわづらふ
>
> 御返事いかがとためらひ給へど、乳母「初めたる御事のやうに」と申せば、しのびしのびに書き給ふ。
>
> 山水のすまで久しくなりぬればくむともいかで袖は濡るべき
>
> その後は夜な夜な通ひ給へば、おのづからつつむとすれど皆人もれ聞きても、初めたる御事にしもあらねば、いとよき御事なりとぞ申し合ひける。

「むすぶ」とは水を汲（く）むことで、中納言の和歌の中の「むすぶ手の雫」は、

むすぶ手の雫に濁る山の井のあかでも人に別れぬるかな

という『古今和歌集』の和歌をふまえています。

生徒Ａ――ということは、中納言は、**X**という内容の和歌を姫君に贈ったんだな。

生徒Ｂ――受け取った姫君が「御返事いかが」と迷っているのは、現在でも返信の内容に迷う時のようでおもしろいね。乳母が、「初めての事のように返事すればよい」と、背中を押しているよ。

生徒Ｃ――姫君の和歌はどういう意味だろう。ここで「山水」を汲みに行ったとは思えないんだけど……。

教　師――掛詞が使われているというのがヒントです。

生徒Ｂ――それならば、［Ｙ］ということかな。

生徒Ｃ――その後は、仲睦(むつ)まじい夫婦として、周りの皆にも認められたんだね。めでたしめでたしというわけだ。

教　師――当時は、恋愛だけでなく貴族生活のいろいろな場面において、和歌の贈答が重要な役割を果たしていました。

次の授業では、学習の一環として、私たちも贈答歌を詠み合ってみましょう。

（i）空欄 X に入る発言として最も適当なものを、次の①～④のうちから一つ選べ。解答番号は 7 。

① 水を汲む手の雫で山の井戸の水が濁るように、あなたとの再会で私の心は恋の思いに乱れている
② 名残惜しいままであなたの邸（やしき）を出てきたために、涙がいっそう流れて今朝は袖が乾くことがない
③ 水を汲む手から水がこぼれ落ちたせいか、あなたへの恋心で袖が真っ赤に染まってしまっている
④ あなたと別れたまま出会えずにいた日々のつらさを思い出すと、涙で濡れた袖が干しても乾かない

（ii）空欄 Y に入る発言として最も適当なものを、次の①～④のうちから一つ選べ。解答番号は 8 。

① 「すま」に「澄ま」を掛けて、山の水は澄まないと表現しつつ、かつての一夜の契りの後、あなたは長い間通ってこなかったではないか、と冷たく返事をしている
② 「なり」に「鳴り」を掛けて、山の水の水音が鳴り響くと表現しつつ、あなたが夫として通ってきてくれて、私の胸は高鳴って涙がこぼれそうだ、と初々しい返事をしている
③ 「くむ」に「酌む」を掛けて、あなたはどうあろうと私の思いを酌み取ることはできないのだから、あなたの袖が涙で濡れるはずはないと、そっけない返事をしている
④ 「ぬる」に「寝る」を掛けて、やっと夫として通ってきてくれたあなたと共寝をするので、いままで涙に濡れていた袖は乾くにちがいない、と愛らしく返事をしている

第3問 『菅笠日記』『枕草子』

解答・解説16ページ

次の【文章Ⅰ】は、本居宣長が大和地方を旅した際の様子を著した『菅笠日記』の一節である。また【文章Ⅱ】は、清少納言が著した随筆『枕草子』の一節で、【文章Ⅰ】の14行目「そのかみの面影」に関連するものである。これらを読んで、後の問い（問1～4）に答えよ。なお、設問の都合で【文章Ⅰ】の本文の上に行数を付してある。（配点　45）

【文章Ⅰ】

なほ山の岨路をゆきゆきて（注1）初瀬ちかくなりぬれば、むかひの山間より（注2）葛城山・畝傍山などはるかに見えそめたり。よその国ながら、かかる名所はあけくれ書にも見なれ、歌にも詠みなれてしあれば、ふる里びとなどの a あへらん心地してうちつけにむつましくおぼゆ。けはひ坂とてさがしき坂をすこしくだる。この坂路より初瀬の寺も里も目の前にちかくあざあざと見わたされたるけしき、えもいはず。おほかたここまでの道は山懐にて、ことなる見るめもなかりしに、さしもいかめしき僧坊・御堂の立ち連なりたるをにはかに見つけたるは、あらぬ世界に来たらん心地す。与喜の天神と申す御社の前にくだりつきて、そこに板橋 b わたせる流れぞ初瀬川なりける。むかひはすなはち初瀬の里なれば、人やどす家に立ち入りて物食ひなどしてやすむ。後ろは川岸にかたかけたる屋なれば、波の音ただ床のもとにとどろきたり。

（注3）初瀬川はやくの世よりながれきて名にたちわたる瀬々のいはなみ

さて御堂にまゐらんとて出でたつ。まづ門を入りて（注4）呉橋をのぼらんとする所に、誰がことかは知らねど道明の塔とて右の方にあり。ややのぼりて肘をるる所に（注5）貫之の軒端の梅といふものもあり。また蔵王堂・産霊の神のほこらなどならび立てり。ここより上を雲居坂といふとかや。かくて御堂にまゐりつきたるに、（ア）をりしも御帳かかげたるほどにて、いと大きなる本尊のきらきらしうて見え給へる、人も拝めばわれもふし拝む。さてここかしこ見めぐるに、この山の花、おほかたのさかりはややc過ぎにたれど、なほさかりなるもところどころにおほかりけり。巳(み)の時とて貝(注6)ふき鐘つくなり。むかし清少納言がまうでし時も、にはかにこの貝を吹き出でつるにおどろきたるよし書きおける、d思ひ出でられて、そのかみの面影も見るやうなり。鐘はやがて御堂のかたはら、今のぼり来(こ)し呉橋の上なる楼(ろう)になんかかれりける。

名も高く初瀬の寺のかねてより聞きこし音を今ぞ聞きける

(注7)ふるき歌どもにもあまた詠みけるいにしへの同じ鐘にやといとなつかし。かかる所からはことなる事なき物にも見聞くにつけて心のとまるは、すべていにしへをしたふ心のeくせなりかし。

なほそのわたりたたずみありく程に、御堂のかたに今やうならぬみやびたる物の音の聞こゆる。「かれはなんぞのわざするにか」と(イ)しるべする男(をのこ)にとへば、「この寺はじめ給ひし上人の御忌月(おほんきづき)にてこのごろ千部の読経(どきやう)の侍(はべ)る、日ごとのおこなひのはじめに侍る楽の声なり」といふに、いと聞かまほしくていそぎまゐるを、まだ行きつかぬほどにはやく声やみぬるこそあかずくちをしけれ。また御堂のうちをとほりて、かの貫之の梅の前より片(かた)つ方(かた)へすこしくだりて、学問する大徳たちの庵(いほり)のほとりに、(注8)二本(ふたもと)の杉の跡とてちひさき杉あり。またすこしくだりて(注9)定家(さだいへ)の中納言の塔なりといふ五輪なる石立てり。このごろやうの物にていとしもうけられず。八塩(やしほ)の岡といふ所もあり。なほくだりて川辺に出で、橋をわたりてあなたの岸に(注10)玉鬘(たまかづら)の君の跡とて庵あり。墓(つか)もありといへど、けふはあるじの尼、物へまかりてなきほどなれば門鎖(さ)したり。すべてこの初瀬にその跡かの跡とてあまたある、みなまことしからぬ中にも、この玉鬘こそいともいともをかしけれ。かの源氏物語はなべてそらごとぞともわきまへで、まことにありけん人と思ひて、かかる所をもかまへ出でたるにや。このやや奥まりたるところに、(注11)家隆(いへたか)の二位の塔とて石の十三重なるあり。こはややふるく見ゆ。そこに大きなる杉の二又(ふたまた)なるも立てり。また牛頭(ごづ)天王の社、そのかたはらに(注12)苔(こけ)の下水(したみづ)といふもあり。ここまではみな山の片岨(かたそは)にて、川にちかき所なり。

【文章Ⅱ】

日ごろこもりたるに、昼は少しのどやかにぞ、早くはありし。師の坊に、男ども、女、童など、皆行きてつれづれなるも、傍に貝をにはかに吹き出でたるこそいみじうおどろかるれ。清げなる立文など持たせたる男の、誦経の物うち置きて、堂童子など呼ぶ声、山彦響きあひてきらきらしう聞こゆ。鐘の声ひびきまさりて、「(ウ)いづこのならむ」と思ふ程に、やんごとなき所の名うちいひて、「御産たひらかに」(注13)などげんげんしげに申したるなど、すずろに「いかならむ」などおぼつかなく念ぜらるるかし。

（注）1　初瀬――大和の国にある長谷寺（〔長谷寺周辺図〕参照）。観音信仰で古来有名な寺。長谷寺周辺の地も「初瀬」と言う。

2　葛城山・畝傍山――大和の国にある山。

3　御堂――この「御堂」以降の「御堂」は長谷寺の本堂のこと。

4　呉橋――階段の付いた長い廊下。

5　貫之の軒端の梅――「人はいさ心も知らず故郷は花ぞ昔の香に匂ひける」（『古今和歌集』春上・紀貫之）に詠まれたとする梅の木。

6　貝――法螺貝。巻き貝の貝殻に吹き口を付けたものをらっぱのように吹き鳴らし、時刻の合図などに用いた。

7　ふるき歌ども――「年も経ぬ祈る契りは初瀬山尾上の鐘のよその夕暮れ」（『新古今和歌集』恋二・藤原定家）が代表。

8　二本の杉――「初瀬川ふる川の辺に二本ある杉年を経てまたもあひ見ん二本ある杉」（『古今和歌集』雑体・旋頭歌・読人しらず）に詠まれたとする杉の木。

9　定家の中納言の塔――藤原定家は鎌倉時代前期の歌人。

10　玉鬘の君の跡――玉鬘は『源氏物語』の女主人公の一人で、物語の中で開運のために長谷寺に参詣したことになっている。

11　家隆の二位の塔――藤原家隆は鎌倉時代前期の歌人。

12　苔の下水――「岩間とぢし氷もけさはとけそめて苔の下水道もとむらん」（『新古今和歌集』春上・西行）に詠まれたとする水流。

13　げんげんしげに――いかにもそれらしく。

〔長谷寺周辺図〕

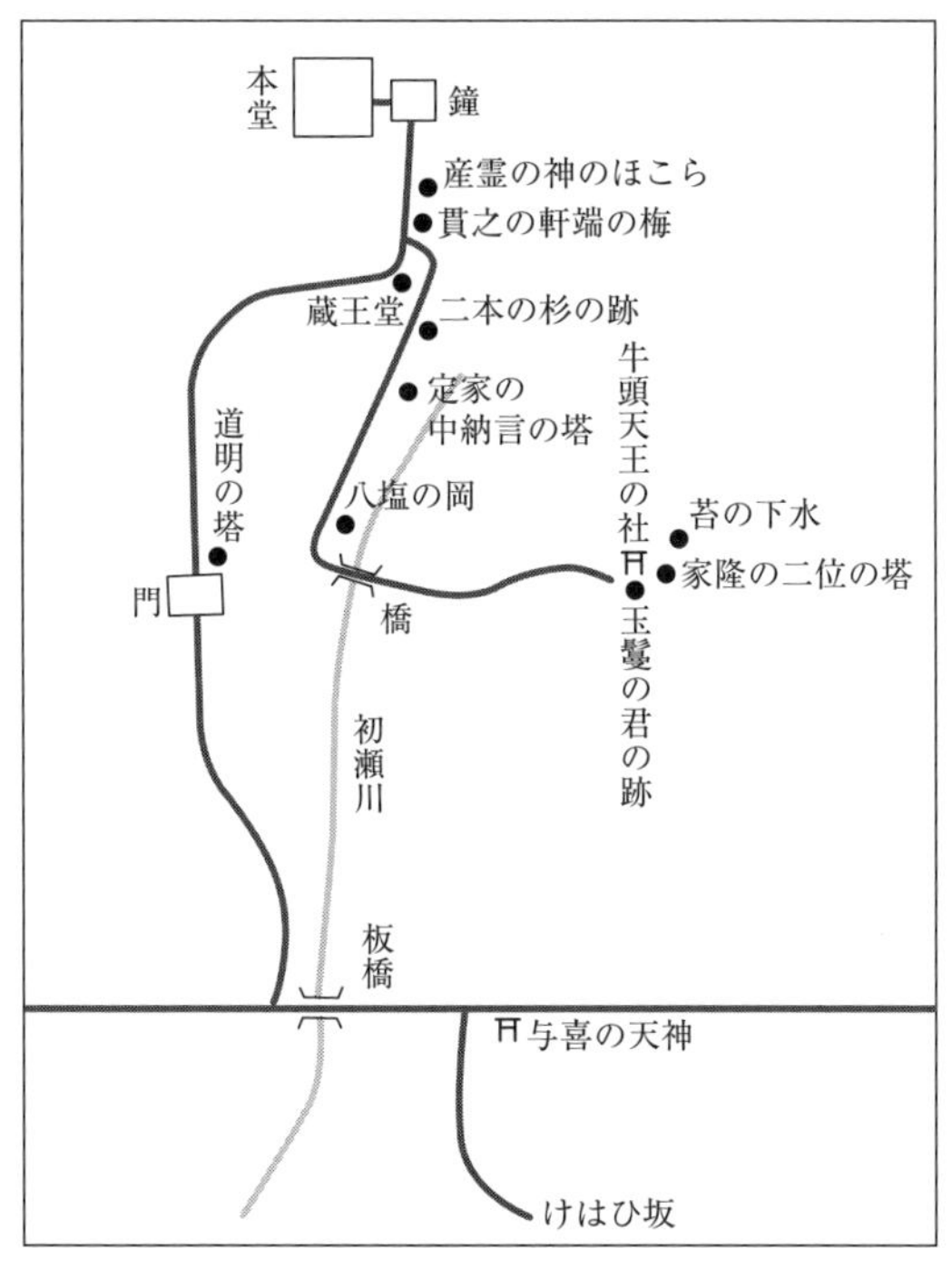

問1 傍線部(ア)〜(ウ)の解釈として最も適当なものを、次の各群の①〜⑤のうちから、それぞれ一つずつ選べ。解答番号は［1］〜［3］。

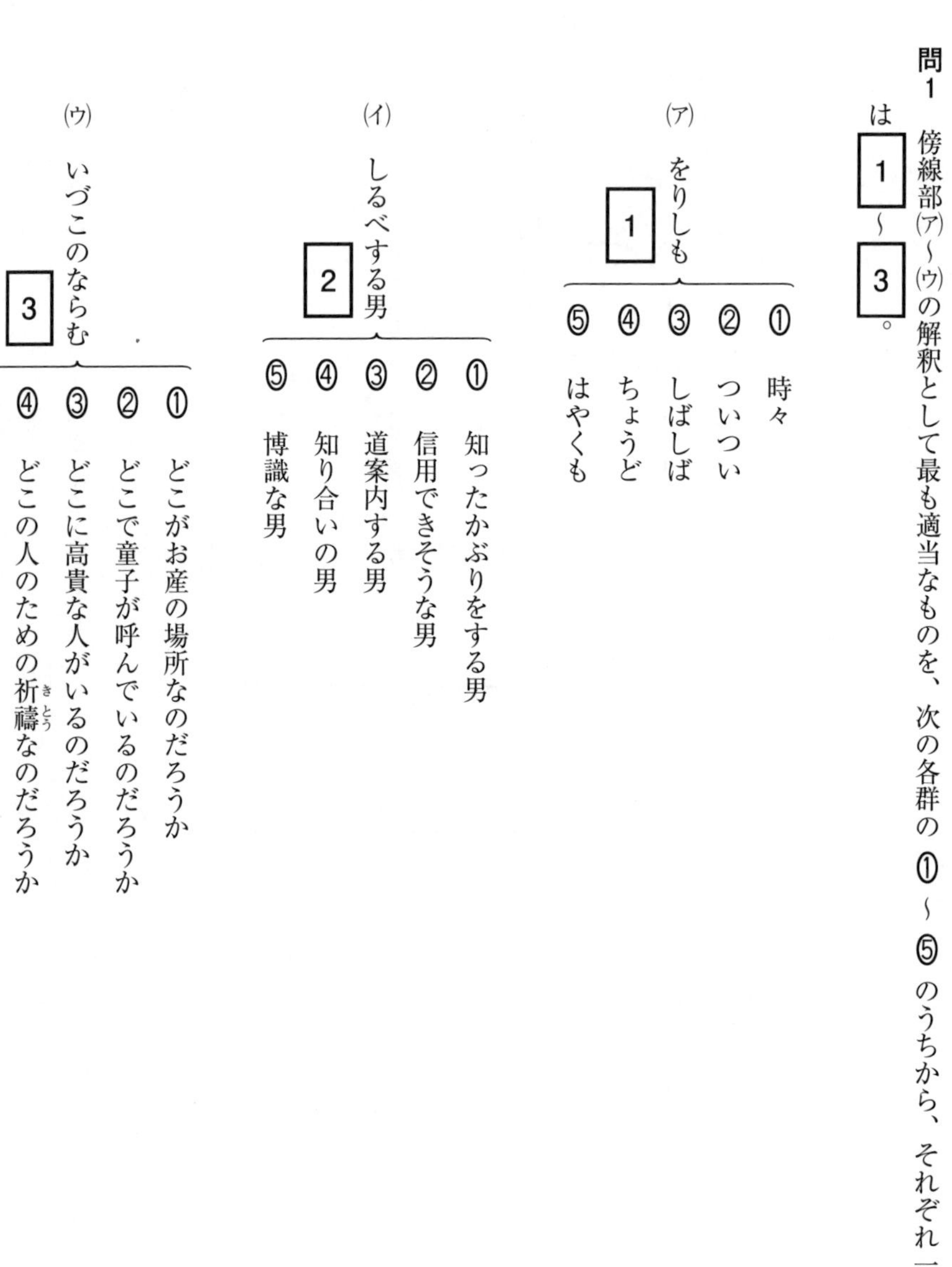

(ア) をりしも ［1］

① 時々
② ついつい
③ しばしば
④ ちょうど
⑤ はやくも

(イ) しるべする男 ［2］

① 知ったかぶりをする男
② 信用できそうな男
③ 道案内する男
④ 知り合いの男
⑤ 博識な男

(ウ) いづこのならむ ［3］

① どこがお産の場所なのだろうか
② どこで童子が呼んでいるのだろうか
③ どこに高貴な人がいるのだろうか
④ どこの人のための祈禱(きとう)なのだろうか
⑤ どこならのんびりできるだろうか

問2　波線部**a**〜**e**について、語句と表現に関する説明として最も適当なものを、次の①〜⑤のうちから一つ選べ。解答番号は　**4**　。

①　**a**「あへらん」は、「らん」が現在推量の助動詞で、現に会っているかのような臨場感を示す表現になっている。

②　**b**「わたせる」は、「る」が可能の助動詞で、橋を架ける技術の高さに感心する気持ちを示す表現になっている。

③　**c**「過ぎにたれど」は、「に」が断定の助動詞で、すでに盛りを過ぎている有様を明確に示す表現になっている。

④　**d**「思ひ出でられて」は、「られ」が自発の助動詞で、『枕草子』をふと想起したことを示す表現になっている。

⑤　**e**「くせなりかし」は、「かし」が疑問の終助詞で、癖になるのかという不確実な推量を示す表現になっている。

問3 【文章Ⅰ】に記されている筆者の心情についての説明として最も適当なものを、次の①～④のうちから一つ選べ。
解答番号は 5 。

① 2～3行目「うちつけにむつましくおぼゆ」では、書物で読んだり和歌に詠んだりして馴染んでいた長谷寺を目の当たりにして、古代からの伝統を守り続けてきた地元の人々の努力は称賛に値すると感じている。

② 5行目「あらぬ世界に来たらん心地す」では、険しい坂の下に長谷寺がくっきりと見渡せる所に来て、それまでに見てきた数々の珍しい光景以上に感動し、まるで別世界に来たかのように新鮮に感じている。

③ 22行目「あかずくちをしけれ」では、千部の読経の始めに演奏するという雅楽が聞きたくて急いで本堂に向かったのに、その日は読経も雅楽も結局行われなかったので、物足りず残念だと感じている。

④ 26行目「いともいともをかしけれ」では、玉鬘の住居の跡や墓が作られているのは、物語の中の架空の登場人物をあたかも実在した人物であるかのように思い込んでのことで、なんとも滑稽だと感じている。

問4　次に示すのは、【文章Ⅰ】と【文章Ⅱ】について解説した文章である。これを読んで、後の(i)～(iii)の問いに答えよ。

【文章Ⅰ】は、江戸時代の国学者である本居宣長によるもので、宣長は、訪れた長谷寺で聞こえてきた法螺貝や鐘の音から、【文章Ⅱ】の『枕草子』の一節を思い起こしている。宣長が聞いた法螺貝と鐘の音は、時を知らせるものであったようで、その鐘は、［ Ⅰ ］とされている。

【文章Ⅱ】の冒頭に「日ごろこもりたるに」とあり、この文章を書いた清少納言は、長谷寺に何日も泊まりこんでいたことがわかる。平安時代の人々には、寺社に一定期間籠もって祈願する「参籠」という習慣があり、清少納言も、京の都からはるばる長谷寺を訪れて参籠していたのである。そんなある日、清少納言を驚かせた法螺貝の音は、安産祈願のためのものであった。祈願の書状を持ってきた人の声や鐘の音も響き渡る中でものものしく行われている祈禱の様子について、【文章Ⅱ】には、「［ Ⅱ ］」と書かれている。清少納言自身がどのような祈願のために長谷寺に参籠していたかはわからないが、祈禱の現場での臨場感にあふれた描写であるといえよう。

一方、【文章Ⅰ】は、国学者としての宣長が、［ Ⅲ ］ところに特徴がある。国学を大成した宣長にとって、中古の時代から人々の信仰を集めてきた寺社は、研究対象でもある古典文学の世界を肌で感じることができる非常に興味深い地であった。宣長は、旅からの帰宅後、道中で長らくかぶってきた菅笠を脱ぐのが惜しいという和歌を詠み、「すがさのにき」と名付ける旨を言い添えてこの日記を締め括っている。『万葉集』の和歌にならって「菅笠」を「すがさ」と読み、「日記」も王朝風に「にき」と称したことには、古代や中古の作品にまつわる土地を熱心に巡ったことと同様に、宣長の古典文学への情熱の一端を感じることができる。

(i) 空欄 [Ⅰ] に入る文章として最も適当なものを、次の①～④のうちから一つ選べ。解答番号は [6]。

① 【文章Ⅱ】では、立派な産室に掛けられていたとされるが、【文章Ⅰ】では、いつの間にか本堂のそばの呉橋の上にある建物に掛け替えられていた

② 【文章Ⅱ】では、どこにあったかは書かれていないが、【文章Ⅰ】では、【文章Ⅱ】の時代と同じ場所と思われる本堂のそばの呉橋の上の建物に掛けられていた

③ 【文章Ⅱ】では、立派な本堂の中に掛けられていたとされるが、【文章Ⅰ】では、目の前で撞かれた後で呉橋の上にある建物に掛けられていた

④ 【文章Ⅱ】では、どこにあったかわからないとされているが、【文章Ⅰ】では、宣長の参詣前に本堂のそばから呉橋の上にある建物に掛け替えられた

(ii) 空欄 [Ⅱ] に入る文章として最も適当なものを、次の①～④のうちから一つ選べ。解答番号は [7]。

① 参詣し合わせていた自分もむしょうに気がかりに思い、安産を祈らずにいられない

② 妊婦の家族は、寺での出産に不安を感じて、通常よりも盛大な祈禱を依頼している

③ 立派な僧が大勢選ばれて、重々しい声を周囲に響かせながら熱心に念仏を唱えている

④ 祈禱を受けている人は、霊験あらたかな長谷寺の名を唱えながら痛みに耐えている

(iii)　空欄 Ⅲ に入る文章として最も適当なものを、次の①〜④のうちから一つ選べ。解答番号は 8 。

① 古典的風土を巡り歩く旅での感慨を、技巧を凝らした和歌を交えながら流麗な和漢混交文で描いている

② 古典への傾倒を基調に、風光描写や和歌の挿入などの紀行文の伝統的手法を用いて旅情を綴（つづ）っている

③ 伝承と史実とを冷静に見極める姿勢を貫き、根拠のない迷信にとらわれる風潮を痛烈に批判している

④ 歴史的な事物についての有職故実（ゆうそくこじつ）の知識を読者に伝えていこうとする教育的意図をもって書いている

第4問　『枕草子』『今昔物語集』『宇治拾遺物語』

解答・解説23ページ

次は、『枕草子』の一節（【文章Ⅰ】）と、それに関連する『今昔物語集』の一話（【文章Ⅱ】）と、『宇治拾遺物語』の一話（【文章Ⅲ】）である。【文章Ⅰ】～【文章Ⅲ】を読んで、後の問い（問1～5）に答えよ。（配点　45）

【文章Ⅰ】

すさまじきもの

除目(注1)に司得ぬ人の家。「今年は必ず」と聞きて、はやうありし者ども(注2)の、ほかほかなりつる、田舎だちたる所に住む者どもなど、みなあつまり来て、出で入る車の轅(注3)もひまなく見え、もの詣でする供に、我も我もと参りつかうまつり、物食ひ酒飲み、ののしりあへるに、果つる(注4)暁まで門たたく音もせず、「あやしう」など、耳たてて聞けば、前駆(注5)追ふ声々などして、上達部などみな出で給ひぬ。もの聞きに宵より寒がりわななきをりける下衆男(注6)、いともの憂げに歩み来るを見る者どもは、a え問ひだにも問はず。ほかより来たる者などぞ、「殿は何にかならせ給ひたる」など問ふに、いらへには「何の前司にこそは」などぞ b 必ずいらふる。まことに頼みける者は、「いと嘆かし」と思へり。つとめて(注7)になりて、ひまなくをりつる者ども、一人二人すべり出でて去ぬ。古き者どもの、さもえ行き離るまじきは、来年の国々、手をおりてうち数へなどして、ゆるぎありきたるも、いとほしう(ア)すさまじげなり。

【文章Ⅱ】

今は昔、［　　］(注8)天皇の御代に豊前大君と云ふ人ありけり。柏原天皇の五郎の御子の御孫にてなむありけるほどに、位は四位にて、官は刑部卿にて大和守などにてなむありける。

この人、世の中の事をよく知り、心ばへ直にて、公の御政を良きも悪しきもよく知りて、除目あらむずる時には、まづ国のあまた空きたるを、おのおの次第を待ちて望む人々のあるをも、国のほどに当てて推し量りて、「その人をばその国の守にこそなさるらめ。その人は道理立てて望めども、(イ)えならじかし」など国ごとに云ひたりける事を人みな聞きて、所望叶ひたりける人は、除目の後朝には、この大君の許に行きてなむ讃めける。この大君の推量除目違はざりければ、世挙りて、「なほこの大君の推量除目かしこき事なり」となむ(ウ)云ひののしりける。除目の前にも、この大君の許になむ行き集りて問ひければ、思ひ量りたるままになむ答へ居たりける。「なるべし」と c 云はれたる人は、手を摺りて喜びて、「なほこの大君いみじき人」と云ひてなむ帰りける。「ならじ」と云ふを聞きたる人は大きに怒りて、「こは何事云ひ居る古大君(注9)ぞ。道祖神(注10)を祭りて狂ふにこそありぬれ」など云ひて、腹立ててなむ帰りける。

さて「かくなるべし」と云ひたる人のならずして、異人のなりたるをば、A「こは公の悪しくなされたるぞ」となむ、大君、世を誹り申しける。されば、天皇も、「豊前大君は除目をばいかが云ふなる」となむ、天皇に親しく仕る人々に、「行きて問へ」となむ仰せられける。昔はかかる人なむ世にありけると語り伝へたるとや。

【文章Ⅲ】

今は昔、柏原(注11)の帝の御子の五の御子にて、豊前の大君といふ人ありけり。四位にて、司は刑部卿、大和守にてなんありける。世の事をよく知り、心ばへすなほにて、おほやけの御政をも、善き悪しきよく知りて、d 除目のあらんとても、まづ国のあまたあきたる、望む人あるをも、国の程に当てつつ、「その人はその国の守にぞなさるらん。その人は道理立て望むとも、えならじ」など、国ごとに言ひ居たりける事を、人聞きて、除目の朝に、この大君の推し量り事にいふ事は、つゆ違はねば、「この大君の推し量り除目かしこし」といひて、除目の前には、この大君の家に行き集ひてなん、「なりぬべし」といふ人は、手を摺りて悦び、「えならじ」といふを聞きつる人は、「何事いひ居る古大君ぞ。塞の神(注12)祭りて、狂ふにこそあめれ」などつぶやきてなん帰りける。

「かくなるべし」といふ人のならで、不慮に異人なりたるをば、B「悪しくなされたり」となん、世にはそしりける。されば、e親しく候ふ人には、「行きて問へ」となん仰せられけるおほやけも、(注13)「豊前の大君は、いかが除目をばいひける」となん、る。これは田村、水の尾などの御時になんありけるにや。

（注）

1 除目 ―― 大臣以外の諸官職を任命する行事。春の「県召の除目」と秋の「司召の除目」があるが、ここで話題になっているのは、国司などの地方官を任命する春の除目。一月に行われる。

2 はやうありし者ども ―― 以前、この家に仕えていた従者たち。以下に出てくる「者」も従者のことである。

3 轅 ―― 牛車の車輪の軸につけて長く前にさし出した二本の棒。先端に軛を渡し牛に引かせる。

4 果つる暁 ―― 除目が終わる夜明け前。除目は宮中で行われた。

5 前駆追ふ ―― 貴人の外出の時、道の前方にいる人々を追い払うこと。先払い。

6 下衆男 ―― 除目の結果を聞くために昨夜から派遣されていた従者。

7 来年の国々 ―― 来年、国司が欠員になるはずの国々。

8 □天皇 ―― □は、『今昔物語集』の編者による意図的な欠字。

9 古大君 ―― 「古」は、「おいぼれの」と、いやしめ、ばかにしていう接頭語。

10 道祖神 ―― 「さいのかみ」ともいう。辻、村境などに祭られ、その土地の安全を守る神だが、人の心を浮き立たせ、正気でなくさせる存在と考えられることもある。

11 柏原の帝の御子の五の御子 ――【文章Ⅱ】では「柏原天皇の五郎の御子の御孫」とされているが、同一人物のこと。

12 塞の神 ――【文章Ⅱ】の「道祖神」と同じ。

13 田村、水の尾 ―― 天皇の名前。

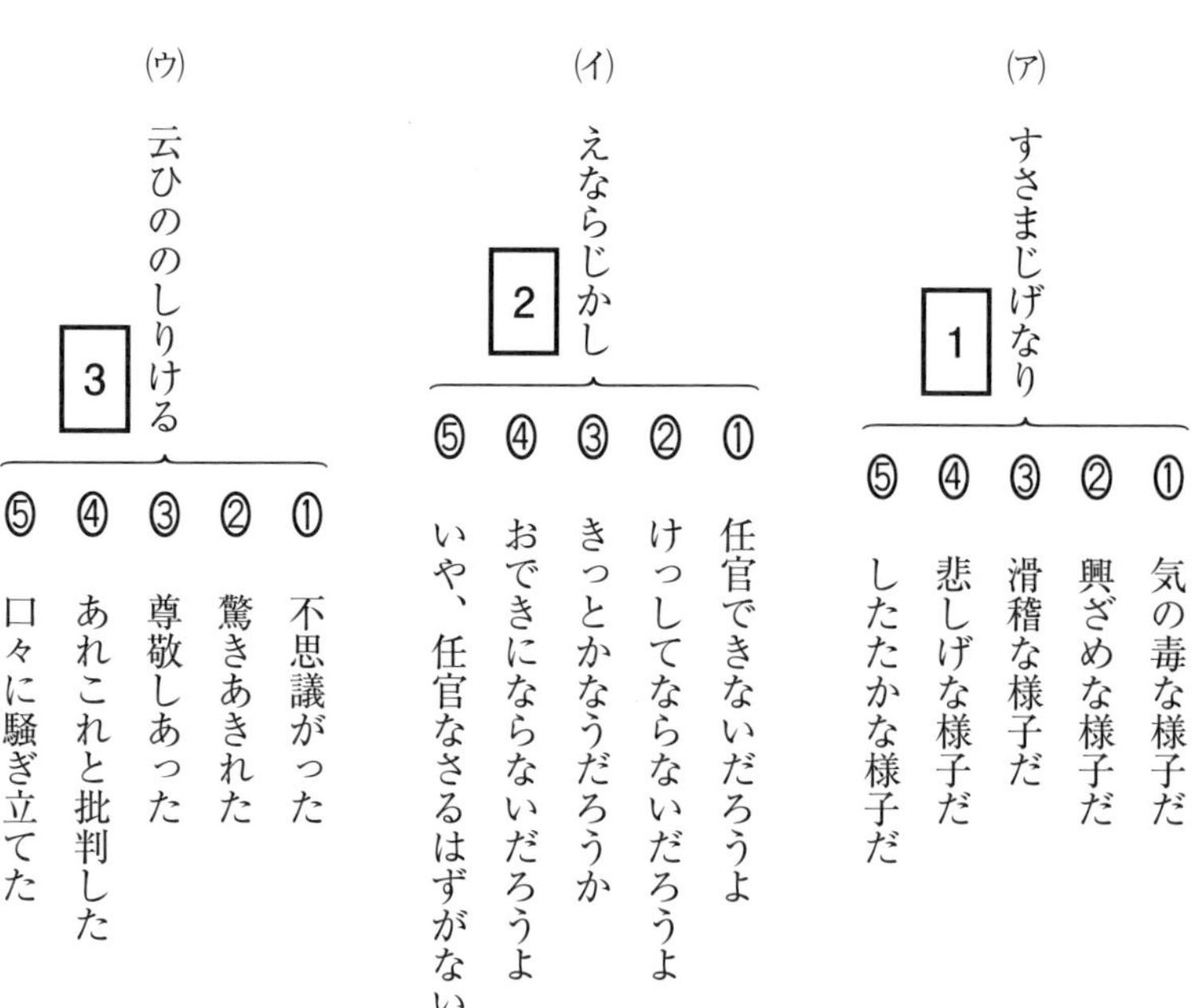

問1　傍線部(ア)〜(ウ)の解釈として最も適当なものを、次の各群の①〜⑤のうちから、それぞれ一つずつ選べ。解答番号は［1］〜［3］。

(ア)　すさまじげなり［1］

① 気の毒な様子だ
② 興ざめな様子だ
③ 滑稽な様子だ
④ 悲しげな様子だ
⑤ したたかな様子だ

(イ)　えならじかし［2］

① 任官できないだろうよ
② けっしてならないだろうよ
③ きっとかなうだろうか
④ おできにならないだろうよ
⑤ いや、任官なさるはずがないよ

(ウ)　云ひののしりける［3］

① 不思議がった
② 驚きあきれた
③ 尊敬しあった
④ あれこれと批判した
⑤ 口々に騒ぎ立てた

問2　波線部a〜eについて、語句と表現に関する説明として最も適当なものを、次の①〜⑤のうちから一つ選べ。解答番号は 4 。

①　a「え問ひだにも」は、「だに」が類推を表す副助詞で、「見る者ども」が従者に尋ねずに除目の結果を理解したと分かる表現である。
②　b「必ずいらふる」は、「る」が完了の助動詞で、いつもその動作をしたことを示す表現である。
③　c「云はれたる」は、「れ」が受身の助動詞で、「大君」が世間から尊敬されていたことを示す表現である。
④　d「除目のあらんとても」は、「ん」が打消の助動詞で、除目が行われない年もあったと分かる表現である。
⑤　e「親しく候ふ」は、「候ふ」が尊敬語で、作者から天皇への敬意を示す表現である。

問3　【文章Ⅰ】に描かれている場面の説明として最も適当なものを、次の①〜⑤のうちから一つ選べ。解答番号は 5 。

①　田舎に暮らす従者たちは、主人の除目の結果を聞くために久しぶりに都の邸(やしき)で集まることを心待ちにしている。
②　除目の結果を聞くために主人の邸に集まった人々は、外の物音に気づかないほど飲食や会話に夢中になる。
③　宮中での除目が終わって帰る上達部たちは、先払いの者に除目の結果を口外しないようにと口止めをする。
④　主人の除目の結果を尋ねられた従者は、希望の官職以外の職に決まった場合には、主人の以前の職名を答える。
⑤　除目の結果を聞くために会食をしていた人々は、不本意な結果に意気消沈して三々五々邸を後にする。

問4　【文章Ⅱ】と【文章Ⅲ】は、ほぼ同じ内容であるが、最終段落に違いがある。傍線部A「『こは公の悪しくなされたるぞ』となむ、大君、世を謗り申しける」と傍線部B「『悪しくなされたり』となん、世にはそしりける」を考慮して、それぞれの最終段落についての説明として最も適当なものを、次の①～⑤のうちから一つ選べ。解答番号は 6 。

① 【文章Ⅱ】の最終段落では、豊前大君の予想と違う人事が行われる場合があるのは、天皇が大君の予想に気を悪くして、わざと予想以外の結果にしているからであり、そのために天皇はあらかじめ大君の除目の予想結果を側近に探らせていたと結論づけている。

② 【文章Ⅱ】の最終段落では、豊前大君の予想と違う人事になった場合に、大君が臆することなく天皇の行った人事を批判したために、天皇は大君からの批判を気にするあまりに、どうするべきかあらかじめ除目の前に大君に教えを請うていたと述べている。

③ 【文章Ⅲ】の最終段落では、予想と違う人事に決まった場合には、天皇が間違った人事を行ったと世間が朝廷を批判するほど、豊前大君の予想が重要視されたために、天皇の方でも大君の予想を無視することができずに気にしていたことがわかる。

④ 【文章Ⅲ】の最終段落では、豊前大君の予想が外れている場合は、実は大君と天皇とが相談して、天皇の権威を守るために芝居を打っていたのであり、その相談のために、天皇と大君とは使者を介して密に連絡を取り合っていたと種明かしされている。

⑤ 【文章Ⅲ】の最終段落では、予想が外れてしまった場合に、世間の人が朝廷に対して思慮が足りないと考えて非難するほどに大きな権威になってしまった豊前大君のことを、天皇は快く思わず、なぜ予想を続けるのかと問い詰めたと書かれている。

問5 次に示すのは、授業で本文を読んだ後の、話し合いの様子である。これを読んで、後の(i)・(ii)の問に答えよ。

教　師――三つの文章では、除目をめぐっての、人々のさまざまな心情が描かれていました。**【文章Ⅱ】**・**【文章Ⅲ】**の登場人物に関して話し合ってみましょう。

生徒A――豊前大君って、特別な力を持つ人だったんだね。

生徒B――でも、当てずっぽうに予想していたんじゃなく、国守になりたがる人の力量と任国の状況を考えて、除目の結果を言い当てていたんだから、分析力のある人物といえるな。

生徒C――世の中全体の事を考えて、人事がどう行われるのがよいのかを心得ていたのは、たいしたものだなあ。

生徒A――**【文章Ⅱ】**の「所望叶ひたりける人」は、翌朝に豊前大君に御礼に行っているよ。

生徒B――こんなに予想が当たるんだから、頼りにする人々の気持ちもわかるような気がするな。

生徒C――当てることができるのはすばらしいけれど、[X]側面もあったみたいだね。

生徒A――豊前大君の予想を信じる人の中には、[Y]もいたようだ。

生徒C――**【文章Ⅰ】**の邸で待つ人々のように、使用人たちの生活にも関係していたわけだから、気になるのも当然かもしれないな。

生徒B――除目をめぐって、いろんな人の思惑（おもわく）や反応がさまざまだったんだろう。

教　師――それぞれの人物の表情が目に浮かぶようですね。国守を望む人々は、任国がどこになるかでその後の生活が大きく変わるため、本人も家族も使用人たちも、すこしでも条件の良い国に選ばれたいと期待していたのでしょう。次の授業では、国守が主人公になっている説話を読んでみましょう。

(i) 空欄 **X** に入る発言として最も適当なものを、次の①～④のうちから一つ選べ。解答番号は 7 。

① 自分の除目の予想が当たると期待されることを負担に感じる
② 希望通りに任官できそうにない人に対しての配慮に欠ける
③ どうしてもわからない国の予想については神仏に頼る
④ 除目の予想が外れたことに文句を言う人に対しては激昂(げっこう)する

(ii) 空欄 **Y** に入る発言として最も適当なものを、次の①～④のうちから一つ選べ。解答番号は 8 。

① 豊前大君に不本意な予想をされて、納得できずに悪態を吐(つ)きながら帰る人
② 豊前大君から良い予想を引き出そうと、拝むようにして機嫌を取る人
③ 豊前大君の予想がはっきりしないことにいらだち、大君を詰問する人
④ 豊前大君の言うことは何も違うはずがないと、やみくもに信じ込む人

第5問 『あきぎり』

解答・解説30ページ

次の文章は『あきぎり』の一節である。中将（本文では「中将」「男君」「宮の中将」）は、ある秋の夜に琴の音色にひかれて忍び込んだ邸で、自分の身分を明かさぬまま、故大納言の姫君（本文では「姫君」「女君」「三条の姫君」）と一夜を明かす。本文は、その翌日、中将がふたたび姫君の邸を訪れた場面である。これを読んで、後の問い（**問1～5**）に答えよ。なお、設問の都合で本文の段落に1～4の番号を付してある。（配点　45）

1　人々も寝ぬるにや、音もせねば、昨夜入り給ひし所より、立ち入りて見給へば、姫君はただ昨夜のままにて臥し給へり。御髪の行方も知り給はぬを、「Aあな心憂の御さまや。思し召すもことわりながら、今はただ昔の契りを思し知りて、常ざまに見え給へ」など、語らひ給ふ。

2　さばかりうつくしき人の心をとどめて、さりともと慰め語らひ給ふ御ありさま、やうやう日数も重なりて、宵暁となく紛れ給ふ夜な夜な、慰み給ふも、我ながら心憂し。母君に夢にも知らせ奉らじとつつみ給へば、いかでか知り給はん。（注1）

3　長月も二十日あまりになりぬれば、虫の声々も弱りつつ、枕の下のきりぎりすは、（注2）B「我のみ」と鳴き出でたるに、いとど身に染む心地して、木の下払ふ風の音も、ものすさまじき庭の面に、置きわたしたる露は霜かと紛ふにも、小笹が原をながめわびけん昔の世さへ取り集めて悲しきに、例の、中将うち忍びおはして、尽きせず契り語らひ給ふ。有明の月、もろともにながめ給ひて、男君、

よとともにながめわびにし月影を今ぞ憂き世に有明の空

と、うちながめ給へば、女君、

いとどしく浮き雲繁き夜半なればいつまで我も有明の空

と、言ひ消(け)ち給ふも、らうたくうつくしきにも、見るかひあるさまを、つくづく見給ひて、「我、明け暮れこの世にとどまる本意(ほい)なくてのみ、明かし暮らしつるを、しかるべき仏神の御導きにや」とまでおぼえ給ふにも、(ア)いとどつきせぬ御心ざしのみまさり給へば、女君も「これや契りの(注3)」など、やうやう見知り給ふ。宵暁、さのみ忍び歩き給ふも、ならはぬ心地には苦しくて、「また、たび重ならばおのづからあやむる人あらば、大臣殿(注4)のわたりにも聞き給ひなんず。ともあれ、かくもあれ、我がためは苦しからねども、この御ため、離れぬ仲(注5)に聞きにくきこともあらば、母上(注6)の聞き給はんも心苦しかるべし。さるべからん所へ、(イ)忍びて渡し奉らん」など、語らひ給ふ。

4　この中将殿の北の方は、左大臣殿と聞こえさする御姫君なり。この三条の姫君の母上には兄にておはしませば、よろづ頼もしく、うち頼み給へり。院、内のおぼえもはなばなしく、姫君二所持ち奉り給へるを、大君(おおいぎみ)は今の中宮とて、ときめき給ふ。中君(なかのきみ)、ことにかなしきことにし給ひて、宮の中将、かたち、ありさま、(ウ)世のおぼえも人にすぐれ給へれば、見すぐしがたくて、婿(むこ)とり奉りて、いみじきわたくしものに、朝夕のかしづきぐさにし給へれど、いかなればにか、御心ざし深からず、ただうたたねのみにて明かし暮らし給ふを、恨めしきことにし給へれど、中将(注8)は、この姫君(注7)ご覧じ初(そ)めてよりは、異心(ことごころ)おぼえ給はず、一夜の隔てもなく、紛れ給ふを、大臣はいとど心苦しく思す。母上などは嘆き給ふもことわりなり。乳母(めのと)など言ひあはせつつ、御祈りともども聞こゆ。

（注）

1 母君――故大納言の姫君の母。

2 きりぎりす――現在のコオロギのこと。

3 これや契りの――古歌をふまえた表現と考えられるが不明。

4 大臣殿――中将の妻の父である左大臣。

5 離れぬ仲――遠くない仲。左大臣家と姫君の家が親戚にあたることをさして言う。

6 母上――（注1）の「母君」と同じ。故大納言の姫君の母。

7 この姫君――故大納言の姫君。

8 母上――この「母上」は、左大臣の北の方。大君・中君の母。

（略系図）

故大納言＝＝母君（母上）
　｜
　姫君（女君・三条の姫君）＝＝中将（男君・宮の中将）＝＝中君

左大臣（母君の兄弟）＝＝母上
　｜
　中君
　大君

院
　｜
　内＝＝大君

問１　傍線部(ア)〜(ウ)の解釈として最も適当なものを、次の各群の①〜⑤のうちから、それぞれ一つずつ選べ。解答番号は［1］〜［3］。

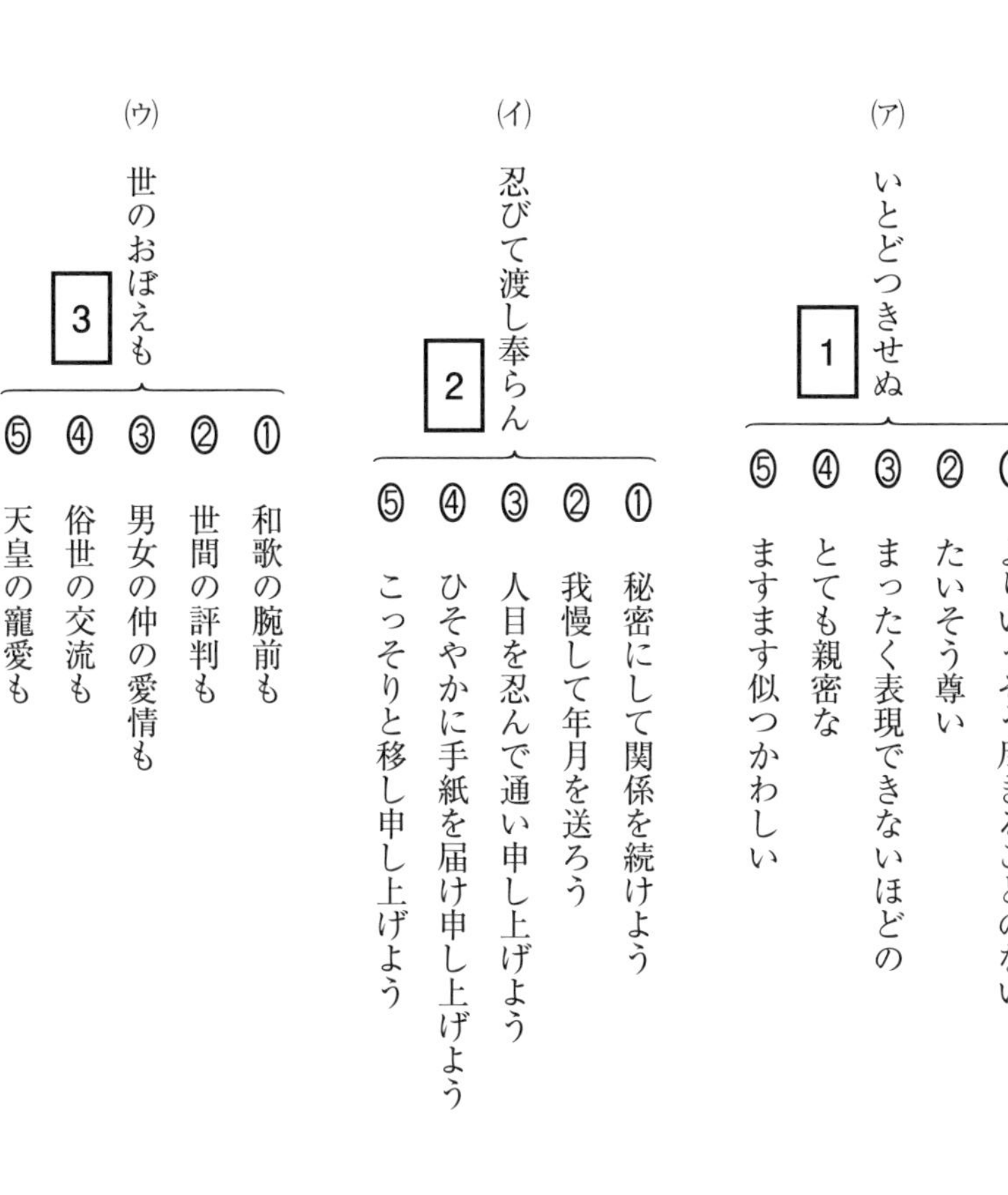

(ア)　いとどつきせぬ［1］
① よりいっそう尽きることのない
② たいそう尊い
③ まったく表現できないほどの
④ とても親密な
⑤ ますます似つかわしい

(イ)　忍びて渡し奉らん［2］
① 秘密にして関係を続けよう
② 我慢して年月を送ろう
③ 人目を忍んで通い申し上げよう
④ ひそやかに手紙を届け申し上げよう
⑤ こっそりと移し申し上げよう

(ウ)　世のおぼえも［3］
① 和歌の腕前も
② 世間の評判も
③ 男女の仲の愛情も
④ 俗世の交流も
⑤ 天皇の寵愛も

問2 傍線部**A**「あな心憂の御さまや。思し召すもことわりながら、今はただ昔の契りを思し知りて、常ざまに見え給へ」は中将の発言だが、その文法と内容に関わる説明として最も適当なものを、次の①～⑤のうちから一つ選べ。解答番号は **4** 。

① 「あな心憂」は、感動詞「あな」に形容詞「心憂し」の語幹が接続したもので、姫君に冷たくされてみじめに感じる中将の気持ちを表している。

② 「ことわりながら」は、動詞「断る」に逆接を表す接続助詞「ながら」が接続したもので、「あなたが私を拒絶する態度は理解できるけれども」と、姫君の態度を譲歩しながらも認める意味を表している。

③ 「昔の契り」は、中将と姫君とが、まだ幼かった頃にすでにどこかで出会っていたことを表している。

④ 「思し知り」は、複合動詞「思ひ知る」の「思ふ」が尊敬語になったもので、姫君が中将との深い縁を悟るという意味を表している。

⑤ 「見え給へ」は、動詞「見る」に謙譲の補助動詞「給ふ」が接続したもので、姫君の夫として認められたいという中将の願望を表している。

問3　1～3段落の内容に関する説明として最も適当なものを、次の①～⑤のうちから一つ選べ。解答番号は 5 。

①　姫君は、中将と逢瀬を持ったことがつらく、中将の再三の訪問を疎ましく思って心乱れた。
②　姫君の母君は、姫君の変化をそれとなく感じて、恋人の男性が通ってきていることに気づいていた。
③　姫君は、「男女の仲はあてにならないので、この世から消えてしまいたい」という歌を詠んだ。
④　中将は、以前は出家を願うほど世をはかなんでいたが、姫君との縁を運命的なものと感じるようになった。
⑤　中将は、姫君との結婚が世間に知れることで、この先の出世に影響が出ることを気がかりに思った。

問4　4段落の内容に関する説明として最も適当なものを、次の①～⑤のうちから一つ選べ。解答番号は 6 。

①　左大臣は、二人の娘のうち、次女の方が中宮になれば良かったのにと内心では思っていた。
②　左大臣の次女は、大切に育てられたために気位が高く、中将の身分が低いことを不満に思っていた。
③　左大臣は、中将のことを大事な婿だと思っていたので、公私にわたって頼りにしていた。
④　中将は、栄達を求める意志も薄く、左大臣の邸を訪れても上の空で居眠りばかりしていた。
⑤　左大臣の北の方は、中将と次女との夫婦仲がうまく行くようにと、乳母とともに加持祈禱（きとう）をした。

問5 Mさんのクラスでは、授業で本文を読んだ後、本文の表現について理解を深めるために、教師から配られた**【学習プリント】**をもとに、グループで話し合うことになった。このことについて、後の(i)・(ii)の問いに答えよ。

【学習プリント】

傍線部**B**「『我のみ』と鳴き出でたるに、いとど身に染む心地して」は以下にあげる『千載和歌集』の和歌をふまえた表現です。

秋の夜のあはれは誰も知るものを我のみとなくきりぎりすかな（秋下・藤原兼宗）

［ステップ1］　和歌に用いられている接続助詞「ものを」の用法と、和歌中の掛詞について考えて、和歌に何が表現されているかを話し合ってみましょう。

［ステップ2］　ステップ1での話し合いをふまえて、本文の傍線部**B**に表現されている姫君の心情について話し合ってみましょう。

(i)　Mさんのグループでは［ステップ1］の話し合いを行い、その結果を次のように**【ノート】**にまとめた。空欄 **X** ・ **Y** に入る内容の組合せとして最も適当なものを、次の①～④のうちから一つ選べ。解答番号は **7** 。

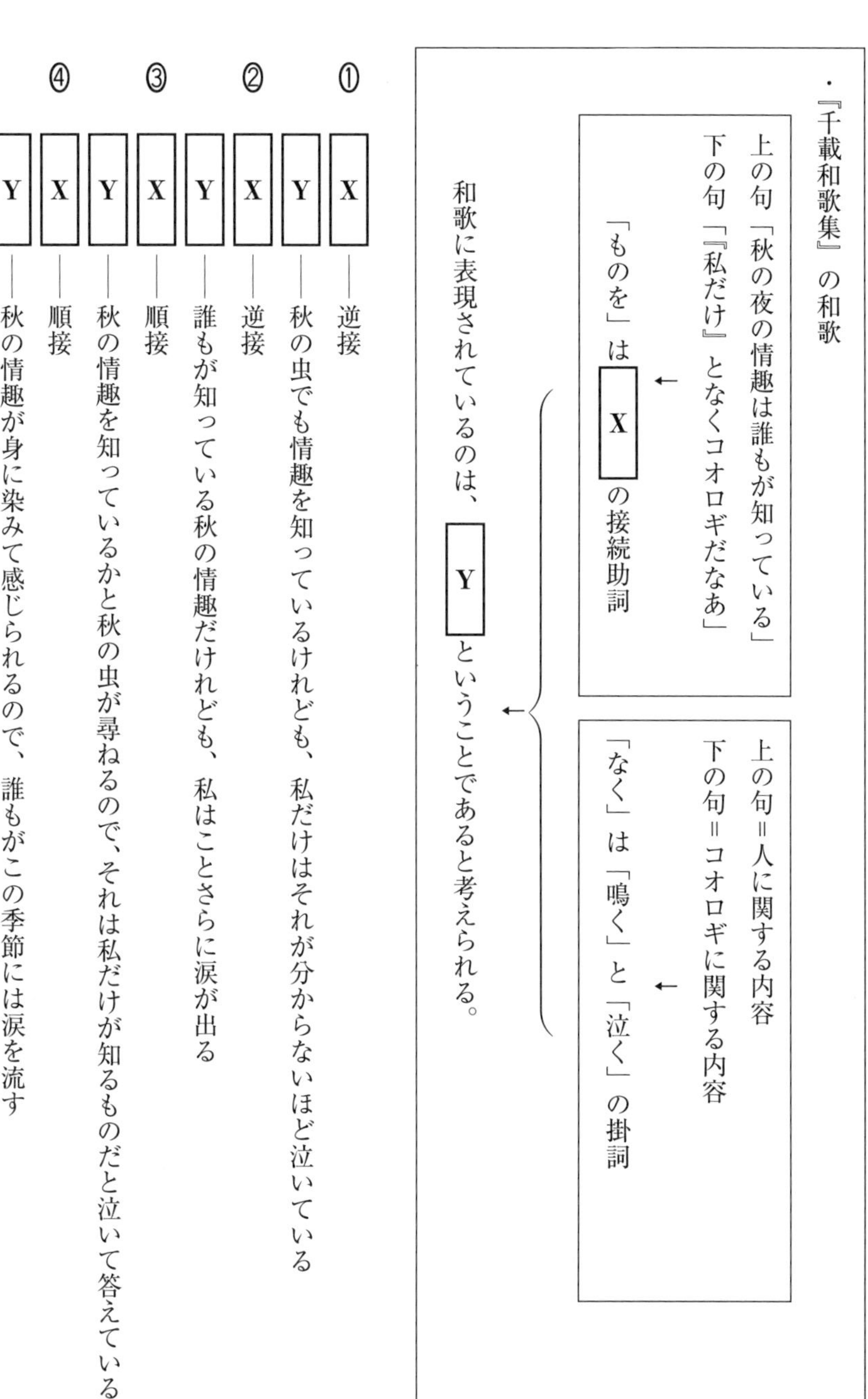

【ノート】

・『千載和歌集』の和歌

上の句「秋の夜の情趣は誰もが知っている」
下の句「『私だけ』となくコオロギだなあ」
「ものを」は［X］の接続助詞 ←

上の句＝人に関する内容
下の句＝コオロギに関する内容
「なく」は「鳴く」と「泣く」の掛詞 ←

和歌に表現されているのは、［Y］ということであると考えられる。

① ［X］―逆接　［Y］―秋の虫でも情趣を知っているけれども、私だけはそれが分からないほど泣いている

② ［X］―逆接　［Y］―誰もが知っている秋の情趣だけれども、私はことさらに涙が出る

③ ［X］―順接　［Y］―秋の情趣を知っているかと秋の虫が尋ねるので、それは私だけが知るものだと泣いて答えている

④ ［X］―順接　［Y］―秋の情趣が身に染みて感じられるので、誰もがこの季節には涙を流す

(ii) Mさんのグループでは、［ステップ2］の話し合いを行い、その結果を教師に提出した。傍線部Bに表現された姫君の心情として最も適当なものを、次の ① 〜 ④ のうちから一つ選べ。解答番号は 8 。

① 晩秋に鳴く虫の鳴き声は古歌に詠まれたような風情であり、長い夜にその鳴き声を聞いていると、よりいっそう秋の寂しい情趣が身に染みると感じている。

② 庭で思う存分に鳴く虫の鳴き声は古歌に詠まれたような美しさだが、意に添わない結婚をした自分は力なく泣くことしかできないとやるせなく思っている。

③ 庭をながめて物思いにふける自分に、古歌に詠まれた秋の虫の鳴き声が、泣いてもかまわないと告げるように感じられて、こらえていた思いがあふれ出している。

④ 秋の虫の鳴き声が、古歌に詠まれたように日に日に弱まっていくのを聞いていると、中将との将来も期待できそうにないと不安になっている。

（下書き用紙）

第6問 『歌学提要』

解答・解説36ページ

次の文章は、江戸時代の歌人香川景樹(かがわかげき)の教えに基づいた歌論を門弟が記した『歌学提要(かがくていよう)』の一節で、和歌の「趣向」について述べたものである。これを読んで、後の問い(**問1〜5**)に答えよ。(配点 45)

詠歌に趣向を求むることはあるまじきわざなり。古歌のよきを見よ。なにかの趣向かある。(注1)顕輔卿(あきすけきやう)の「秋風にただよふ雲」の歌、なにひとつ思ひつきたる趣もなく、常あるさまを言ひたるのみ。されど七百年の遠きをわたり、貴賤(きせん)となく賢愚となく、その月に向かへばうかび出(い)でて、ひたすら感ぜらるるは、(ア)あやしからずや。よき歌はみなかかれど、今は一首をあげて驚かしおくのみ。

こればかりのことは誰も思ひもし言ひもすれど、言ひたりとて何の甲斐があらむと思ひ捨てて、今一等上を求め、深きをさぐり、やうやう歌の境(さかひ)を離れて、さて歌なりと思ひもし、言ひもすれば、ほとほと歌の本体を失ふものなり。ただ実物実景に向かひて、思ふままをすらすらと詠み出でむには、おのづから(注2)調べ整ひてめでたき調べは出で来るものなり。

また今の世、我はと誇れる人の歌を見るに、おほかた趣向と義理とを旨としてものするゆゑに、枝をため葉をすかしたる庭木のごとく、自然の調べ・自然の姿を失ひたれば、(イ)これはと感ずるはさらにて、聞きだに分け難きもままあるものなり。

されば、師、常に、「歌はことわるものにあらず。調ぶるものなり。道理なき歌はなほ詠むべし。歌ならぬ理(ことわり)は言ふべからず」と教へ給(たま)ひぬ。これ調べあれば歌、調べなければ歌にあらず。畢竟(ひつきやう)調べとは歌の称なり。また、「道なくして行くものは音調なり。道ありて行かれぬものは(注3)辞理なり」とも示されたり。音調のかかるところ実におほいならずや。されば、趣向の穿鑿(せんさく)をやめて、ただ誠実の思ひを詠み出づるにしくことなきを知るべし。

また、(注4)言懸(いひかけ)はおほかた歌がら賤(いや)しく、心おとりのするものにして、感哀をそこなふものなり。好みてものすべからず。初心の輩（ともがら）は、景色と心とをよそにして、まづ穏やかならぬ言懸をもとめて歌を詠まんとするがゆゑに、前後合はず、調べ整ふことなし。これ、歌は真実なることを知らず、みだりに造りかまふるものと思へる誤りなり。ただ常言（つねこと）をもてこの思ひを述ぶるのほかなきことを悟るべし。

さて、なしといふを嵐に言ひ懸け、あるいは、逢（あ）ふこと波に（注5）などはたらかし言はんは、まだしもありなん。知らずといふ（注6）を白波・白菊など詠みて聞かせんとするは、(ウ)あかぬわざなりかし。さはいへど、言懸にもよき歌、なきにしもあらねば、ひたすらこれを捨てよと言ふにはあらず。ただ心してものせんのみ。誠実より出で来ば、なかなか調べを助けて匂ひめでたきもありぬべし。されど、「歌の歌臭きは歌にあらず。物その匂ひあるはつたなし」とぞ。さらば、ただ歌を捨て歌を詠むべきにこそ。

（注）1　顕輔卿の「秋風にただよふ雲」の歌――「秋風にたなびく雲の絶え間よりもれ出づる月のかげのさやけさ」（『新古今和歌集』藤原顕輔）を指す。ただし、本文では第二句を「ただよふ」としている。

2　調べ――香川景樹が主張する和歌の本質を表す言葉で、自然で心地良い音感や表現から感じられる余情・格調などを言う。

3　辞理――文章。

4　言懸――掛詞。

5　逢ふこと波に――「難波人（なにはびと）いかなるえにか朽ちはてん逢ふことなみにみをつくしつつ」（『新古今和歌集』藤原良経）などを指す。

6　知らずといふを白波・白菊など詠みて――「天の川浅瀬しら波たどりつつ渡りはてねば明けぞしにける」（『古今和歌集』紀友則）・「契りありてうつろはむとやしら菊の紅葉の下の花に咲きけむ」（藤原定家）などを指す。

問1 傍線部(ア)〜(ウ)の解釈として最も適当なものを、次の各群の①〜⑤のうちから、それぞれ一つずつ選べ。解答番号は 1 〜 3 。

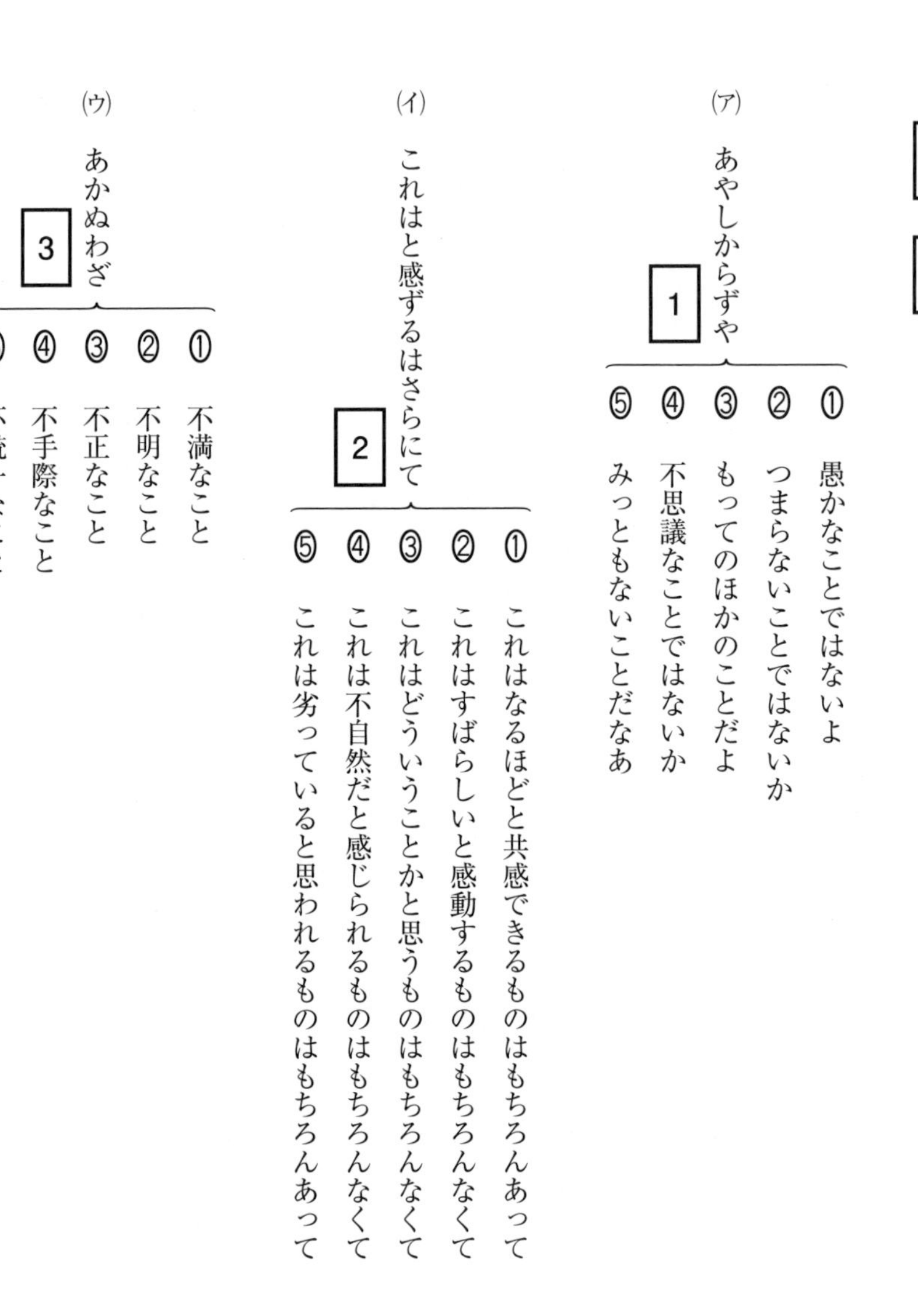

(ア) あやしからずや 1

① 愚かなことではないよ
② つまらないことではないか
③ もってのほかのことだよ
④ 不思議なことではないか
⑤ みっともないことだなあ

(イ) これはと感ずるはさらにて 2

① これはなるほどと共感できるものはもちろんあって
② これはすばらしいと感動するものはもちろんなくて
③ これはどういうことかと思うものはもちろんなくて
④ これは不自然だと感じられるものはもちろんなくて
⑤ これは劣っていると思われるものはもちろんあって

(ウ) あかぬわざ 3

① 不満なこと
② 不明なこと
③ 不正なこと
④ 不手際なこと
⑤ 不統一なこと

問2　波線部「誠実より出で来ば、なかなか調べを助けて匂ひめでたきもありぬべし」についての説明として最も適当なものを、次の①～⑤のうちから一つ選べ。解答番号は 4 。

①「誠実より」は、誠実な気持ちで和歌を詠むこと以上に、調べを整える努力が重要であることを表している。
②「出で来ば」は、必ず良い和歌が生まれるという恒常条件を表している。
③「なかなか」は、掛詞を完全に否定するわけではなく、効果的な場合もあることを認める姿勢を表している。
④「匂ひ」は、掛詞を用いた和歌を美しい色紙に流麗な文字で書いた際の見た目の美しさを意味している。
⑤「ありぬべし」には、決してあってはならないと強く戒める筆者の気持ちが込められている。

問3　和歌の「趣向」についての筆者や香川景樹の考えに合致するものを、次の①～④のうちから一つ選べ。解答番号は 5 。

①　優れた古歌の中には、一見しただけでは気付かないところに何らかの「趣向」が隠されているものもある。
②　「趣向」を前面に出した和歌を詠もうとする際には、内容に齟齬（そご）がないように推敲（すいこう）を重ねなければならない。
③　小手先の「趣向」に走らない確かな表現力を磨くために、誠実に音調を研究する姿勢が不可欠である。
④　表現に無理のある奇抜な掛詞は不要な「趣向」にあたるので、詠み込む際には慎重を期する必要がある。

問4　この文章の表現の特徴と内容についての説明として最も適当なものを、次の①～④のうちから一つ選べ。解答番号は［6］。

①　「古歌のよきを見よ」「今の世、我はと誇れる人の歌を見るに」のように、昔と今の和歌を比較することによって、時代の変化に伴う和歌の変遷がわかるようになっている。

②　「なにかの趣向かある」「知るべし」「捨てよ」のように、反語表現・助動詞「べし」・命令形を多用することによって、歌人たちの意識を改革していこうとする筆者の意志が強く表されている。

③　「顕輔卿の『秋風にただよふ雲』の歌」「『道なくして…。道ありて…』とも示されたり」のように、古歌や師の言葉を引用することによって、筆者の見解を裏付ける根拠が加えられている。

④　「逢ふこと波になどはたらかし」「知らずといふを白波・白菊など詠み」のように、不適切な掛詞の例を挙げることによって、古歌を一方的に称賛する人をたしなめる公平な姿勢が示されている。

問5 次に示すのは、二重傍線部「なしといふを嵐に言ひ懸け」に関して、生徒と教師が交わした授業中の会話である。最後に教師が提示した『新古今和歌集』の贈答歌について、六人の生徒から出された発言①～⑥のうちから、**X**・**Y**の和歌に関する説明として適当なものを**二つ**選べ。ただし、解答の順序は問わない。解答番号は 7 ・ 8 。

生徒――この「言ひ懸け」というのは、掛詞のことだと思うんだけど、掛詞は、同音異義語を利用して一つの言葉に二つの意味を持たせるものだよね。どうして「なし」と「嵐」が掛詞なのかな。

教師――いいところに気付きましたね。たしかに「なし」と「あらし」はまったく違う言葉ですが、「なし」にあたる意味が「あらし」に見出せないでしょうか。たとえば、「泣かれ」と「流れ」のように、掛詞では清音と濁音の区別はしないというのがヒントです。

生徒――ということは、「あらし」の「し」を濁音の「じ」にすると、あっ、「あらじ」だ。

教師――その通りです。「あらじ」は、動詞の「あり」に助動詞の「じ」が付いたもので、「ないだろう」や「いるまい」という意味になります。「なしといふを嵐に言ひ懸け」は、要するに「存在しない」という意味の「あらじ」を「嵐」に掛けるということです。

生徒――なるほど。具体的にはどんな和歌があるのかな。

教師――『新古今和歌集』に次のような贈答歌があります。詞書(ことばがき)もふまえた和歌の内容をみんなで考えてみましょう。

山里に住み侍(はべ)りけるころ、嵐はげしき朝(あした)、前中納言顕長(さきのちゅうなごんあきなが)がもとに遣はしける

X 夜半(よは)に吹く嵐につけて思ふかな都もかくや秋は寂しき　　後徳大寺左大臣(ごとくだいじのさだいじん)

返し

Y 世の中にあきはてぬれば都にも今はあらしの音のみぞする　　前中納言顕長

①　生徒Ａ――**Ｘ**の和歌は、あまりにも激しい嵐が吹いたので、「嵐」に「あらじ」を掛けて、「普段なら嵐が夜中に吹くことなどないだろうと思った」と詠んでいるんだね。信じられないようなことが起こったと驚く気持ちがうまく表現されているね。

②　生徒Ｂ――そうかなあ。**Ｘ**の和歌の「嵐」は、掛詞ではないと思うよ。「夜中に嵐が吹くとどれほど寂しい思いがするか、都に住んでいた頃には想像もしなかった」という意味で、嵐が吹く山里とは対照的な都の穏やかさを思い起こして感慨に浸っている様子を詠んでいるんだよ。

③　生徒Ｃ――私もＢさんの言うように**Ｘ**の和歌の「嵐」は「嵐」の意味しかないと思う。でも、和歌の内容は、山里で激しい嵐が吹いた翌朝、都にいる前中納言顕長に、「こちらで夜中に嵐が吹くと、都もこのように秋は物寂しいのかと思いを馳せることですよ」と詠み贈ったものだよ。

④　生徒Ｄ――**Ｙ**の和歌は、**Ｘ**の和歌への返歌だね。この和歌の「あらし」が、「嵐」と「あらじ」の掛詞になっているんだよ。「山里と違って都では嵐が吹くことなどないだろう」と詠んで、後徳大寺左大臣からの気遣いに感謝しつつも心配は無用だと表明しているんだね。

⑤　生徒Ｅ――いや、**Ｙ**の和歌の第三句に「都にも」とあるから、都でも山里と同じように嵐が吹いているんだよ。それなのに、嵐が吹くのは山里だけだという和歌を詠み贈ってきた後徳大寺左大臣に対して、前中納言顕長は、「都にいないあなたには都のことはわからないだろう」と返しているんだよ。

⑥　生徒Ｆ――待って。**Ｙ**の和歌では、「嵐」と「あらじ」のほかに、「あき」も「秋」と「飽き」の掛詞になっているんじゃないかな。「秋が終わって嵐が吹いている」という意味の裏に、「私は世の中がすっかりいやになったから、都にももういるまい」という意味が込められていると思う。

第7問 『宇津保物語』

解答・解説42ページ

次の文章は『宇津保物語』「俊蔭」の一節で、太政大臣の四男である若小君（本文では「若君」ともいう）が賀茂神社への参詣に同行した際に、ある邸の前を通りかかるところから始まる。その邸は、風雅な貴族であった俊蔭夫妻が亡くなって以来すっかり荒れ、遺された一人娘（本文では「女」）が寂しく暮らしていた。これを読んで、後の問い（**問1～5**）に答えよ。（配点 45）

かくて、八月中の十日ばかりに、時の太政大臣、御願ありて、賀茂に詣で給ひけるを、(注1)舞人、陪従、例の作法なれば、いと(ア)いかめしうて、この俊蔭の家の前より詣で給ふ。舞人、陪従いかめしう、(注2)御前数知らず過ぎ給ふを見るとて、こぼれたる蔀のもとに立ち寄りて見るに、遊び人、御車など過ぎて、立ち後れて、これも前駆追ひて、年(注3)二十ばかりの男、また十五歳ばかりにて玉光り輝く(注4)うなゐの、(注5)御馬副多くて渡り給ふ。うなゐはこの大臣殿の御四郎にあたり給ふ。父大臣、かぎりなくかなしうし給ひて、片時御目をはなち給はぬ御子なりけり。若小君となん(イ)聞こえける。この家の垣ほより、いとめでたく色清らなる(注6)尾花、折れかへりまねく。**a**先に立ち給へる人、「あやしくまねく所かな」とて、

A 吹く風のまねくなるべし花薄われ呼ぶ人の袖と見つるは

とて、渡り給ふ。若小君、

B 見る人のまねくなるらむ花薄わが袖ぞとは言はぬものから

とて、立ち寄り給ひて、折り給ふに、この女の見ゆ。「あやしく、めでたき人かな。**b**心細げなる住まひするかな」と見給ふに、うち歩み入る後ろ手、(注7)こともなし。若小君、あはれと見給へど、**c**ひとり行く道にしあらねば、しひて過ぎ給ひぬ。

かくて、御社に詣で着き給ひて、(注8)神楽奉り給ふに、若君、「昼見えつる人、なにならん。(ウ)いかで見む」と思して、暗く

帰り給ふに、人に立ち後れて、皆人(みなびと)渡り果てぬるに、若小君、かの家の秋の空しづかなるに、見めぐりて見給へば、野ら藪(やぶ)のごとおそろしげなるものから、心ありし人(注9)の、いそぐことなくて心に入れてつくりし所なれば、木立(こだち)よりはじめて、水の流れたるさま、草木のすがたなど、をかしく見所あり。蓬(よもぎ)、葎(むぐら)の中より、秋の花はつかに咲き出でて、池広きに月おもしろく映れり。おそろしきこともおぼえず、おもしろき所を分け入りて見給ふ。秋風、川原(かはら)風まじりてはやく、草むらに虫の声みだれて聞こゆ。月くまなうあはれなり。人の声聞こえず。かかる所に住むらん人を思ひやりて、ひとりごとに、

　虫だにもあまた声せぬ浅茅生(あさぢふ)(注10)に d ひとり住むらん人をこそ思へ

とて、深く草を分け入り給ひて、屋のもとに立ち寄り給へれど、人も見えず、ただ薄のみ、いとおもしろくてまねく。e くまなう見ゆれば、なほ近く寄り給ふ。東面(ひんがしおもて)の格子(かうし)、一間(ひとま)上げて、琴をみそかに弾く人あり。立ち寄り給へば入りぬ。「あかなくにまだきも月の」などのたまひて、簀子(すのこ)の端に居給ひて、「かかる住まひし給ふは、たれぞ。名乗りし給へ」などのたまへど、答(いら)へもせず。内暗(うちぐら)なれば、入りにし方も見えず。月やうやう入りて、

C　立ち寄ると見る見る月の入りぬれば影をたのみし人ぞわびしき

また、

D　入りぬれば影も残らぬ山の端(は)に宿まどはして嘆く旅人

（注）1　舞人、陪従――参詣の行列で神に奉納する舞楽を行う者たち。後出の「遊び人」も同じ。

2　御前――行列の先払いをする人。後出の「前駆」も同じ。

3　年二十ばかりの男――若小君の兄。

4　うなゐ――童髪(わらわがみ)（＝元服前の髪型）の少年。

5　御馬副――貴人の乗る馬の轡(くつわ)を持つ従者。

6　尾花――薄(すすき)。後出の「花薄」も同じ。

7　こともなし――変化(へんげ)の者というわけでもない。

8　神楽――神に奉納する舞楽。

9　心ありし人――邸の主人であった俊蔭を指す。風流心のある人物で、邸を趣深くしつらえていた。

10　浅茅生――雑草が生い茂った家。

問1 傍線部(ア)〜(ウ)の解釈として最も適当なものを、次の各群の①〜⑤のうちから、それぞれ一つずつ選べ。解答番号は 1 〜 3 。

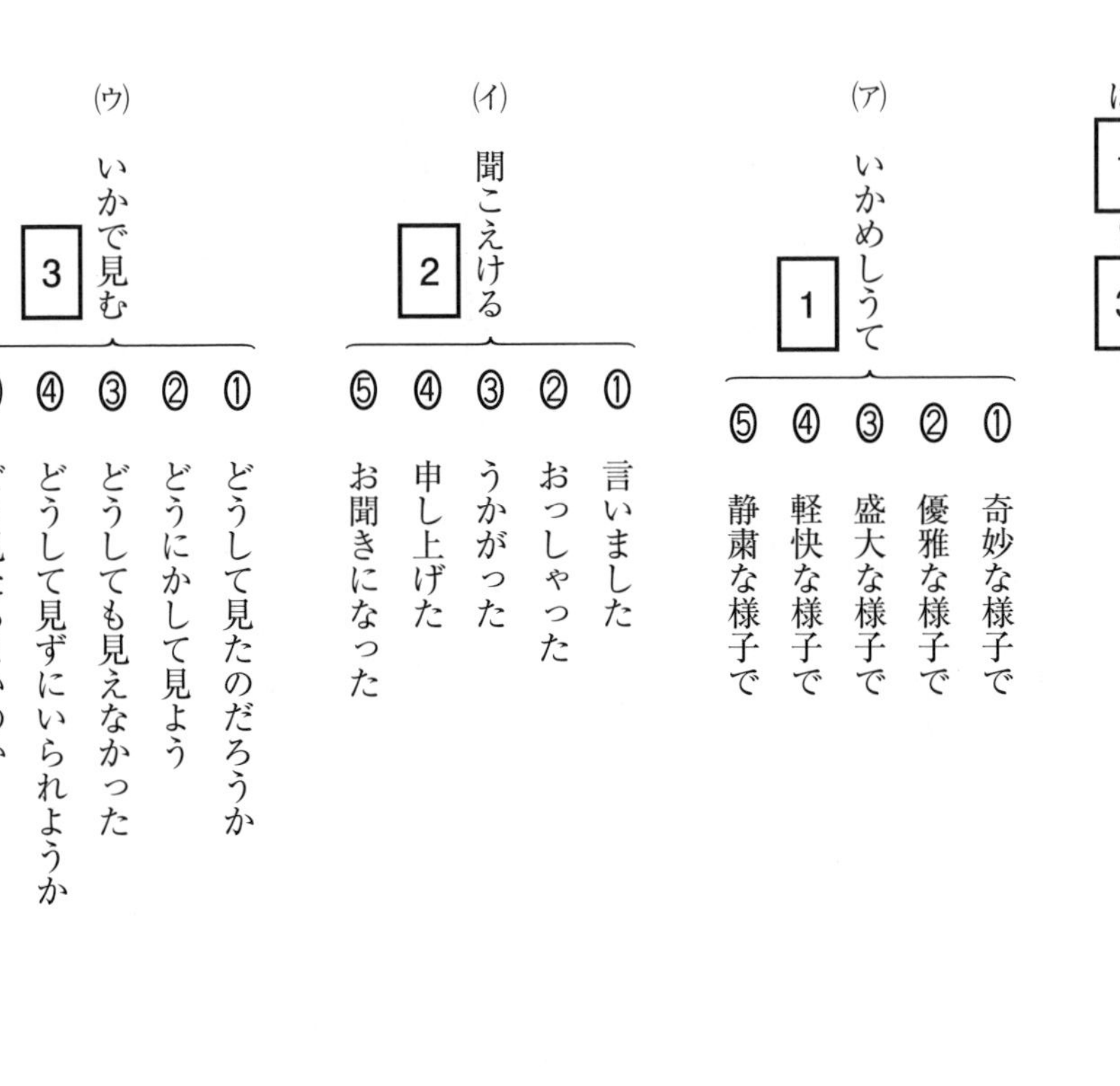

(ア) いかめしうて 1

① 奇妙な様子で
② 優雅な様子で
③ 盛大な様子で
④ 軽快な様子で
⑤ 静粛な様子で

(イ) 聞こえける 2

① 言いました
② おっしゃった
③ うかがった
④ 申し上げた
⑤ お聞きになった

(ウ) いかで見む 3

① どうして見たのだろうか
② どうにかして見よう
③ どうしても見えなかった
④ どうして見ずにいられようか
⑤ どう見たらよいのか

問2　波線部a〜eについて、語句と表現に関する説明として最も適当なものを、次の①〜⑤のうちから一つ選べ。解答番号は 4 。

① a「先に立ち給へる人」は、「る」が尊敬の助動詞であり、先導役を伴って行列の先頭に立っている若小君の兄の立派な様子を賞賛する表現になっている。

② b「心細げなる住まひするかな」は、「かな」が疑問の終助詞であり、美しい女が心細い様子で暮らしているのはどうしてだろうかと不審に思う気持ちを示す表現になっている。

③ c「ひとり行く道にしあらねば」は、「し」が過去の助動詞であり、一人ではなく父親のお供として賀茂神社に参詣することになった自分の不甲斐なさを省みる表現になっている。

④ d「ひとり住むらん人」は、「らん」が現在推量の助動詞であり、雑草が生い茂る荒れた邸に一人で住んでいる女の寂しい暮らしぶりを推察する表現になっている。

⑤ e「くまなう見ゆれば」は、「れ」が可能の助動詞であり、陰りのない月をはっきりと見ることができるほど明るい空の様子を示す表現になっている。

問3　和歌A・Bについての説明として**適当でないもの**を、次の①～④のうちから一つ選べ。解答番号は 5 。

①　和歌A・Bはともに二句切れで、初・第二句と第三・第四・結句が倒置されている。
②　和歌A・Bの「まねく」は、風が吹いて揺れる薄の様子を比喩的に表現したものである。
③　和歌Aの「われ呼ぶ人」は、若小君の兄が不審に思って呼びかけた邸の人を指している。
④　和歌Bの「わが袖ぞとは言はぬ」は、邸に住む人の素性が若小君にはわからないという意味である。

問4　若小君の心情や行動の説明として最も適当なものを、次の①～④のうちから一つ選べ。解答番号は 6 。

①　参詣の行列から遅れてしまったので、いつも監視の目を光らせている父に叱責されるのではないかと恐れた。
②　通りすがりの邸に断りもなく入り込んで庭の薄を折り取ったことを見咎(とが)められ、たいそう気まずく思った。
③　邸に住む女が自分の後をつけて来るようで身の危険を感じたが、変化(へんげ)の者ではないとわかって安心した。
④　参詣から帰る途中の夕暮れ時に、同行した人々をやり過ごして自分だけ留まり、女が住む邸を見て回った。

問５　Ｎさんのクラスでは、授業で本文を読んだ後、本文の二重傍線部「あかなくにまだきも月の」の引き歌となっている『古今和歌集』の和歌についての**【資料】**が提示された。Ｎさんは、**【資料】**についての**【考察】**をまとめ、本文の和歌**Ｃ**・**Ｄ**についての理解を深めた。これについて、後の(i)・(ii)の問いに答えよ。

【資料】

惟喬親王（これたかのみこ）の狩（かり）しける供にまかりて、宿りに帰りて、夜一夜（よひとよ）酒を飲み物語しけるに、十一日（とをかあまりひとひ）の月も隠れなむとしける折に、親王酔（ゑ）ひて内へ入りなむとしければ、よみ侍（はべ）りける

あかなくにまだきも月の隠るるか山の端（は）逃げて入れずもあらなむ　　在原業平

【考察】

●詞書（ことばがき）に「十一日の月も隠れなむとしける」とある。
　←
和歌の「あかなくに」は、月が沈むのを物足りなく思う気持ちを詠んでいる。

●詞書に「親王酔ひて内へ入りなむとしければ」とある。
　←
和歌の「あかなくに」は、［　X　］ことを物足りなく思う気持ちを詠んでいる。

和歌の「山の端逃げて入れずもあらなむ」は、月を隠してしまう山の稜線（りょうせん）がどこかへ行ってほしいというユーモラスな表現に、［　Y　］という気持ちを重ねて詠んだものである。

(i) 【考察】の空欄 X ・ Y に入る内容の組合せとして最も適当なものを、次の①～④のうちから一つ選べ。解答番号は 7 。

① X ―親王が酒に早くも酔ってしまった　　Y ―どうにかして親王に酒を注ぎ足したい
② X ―親王が間もなく宮中へ戻る　　Y ―どうにかして親王と明日も狩をしたい
③ X ―親王が奥の部屋へ入ろうとする　　Y ―どうにかして親王をこの場に引き留めたい
④ X ―親王が内心を打ち明けてくれない　　Y ―どうにかして親王の本心を聞き出したい

(ii)　**【考察】**の内容をふまえ、本文の和歌**C**「立ち寄ると見る見る月の入りぬれば影をたのみし人ぞわびしき」・和歌**D**「入りぬれば影も残らぬ山の端に宿まどはして嘆く旅人」に表現された詠み手の心情の説明として最も適当なものを、次の①〜④のうちから一つ選べ。解答番号は 8 。

① 和歌**C**の「立ち寄ると見る見る」は、二重傍線部の前の「立ち寄り給へば」に対応していて、私が近付いて行くと、それに気付いたあなたは月が沈むように奥へ入ってしまったので、残念でつらいと詠んでいる。

② 和歌**C**の「月の入りぬれば」は、月が沈んだということの裏に、自分がこの邸に入り込んだという意味があり、昼間に見かけたあなたに会いたいあまり、私は今ここに来ているのだということを伝えようとしている。

③ 和歌**D**の「影も残らぬ山」は、親を亡くした自分の孤独な境遇を月が沈んだ後の寂しい山に重ねたもので、あなたにまで見捨てられたら私はもうどうしてよいかわからないと訴える下の句につながっている。

④ 和歌**D**の「宿まどはして嘆く」は、住まいもすっかり荒れ果てて嘆いているということで、邸のそばを通りかかったあなたは月が沈むように立ち去ってしまわないでほしいと訴える切実な気持ちを示している。

第8問　『落窪物語』

解答・解説50ページ

次の文章は、『落窪物語』の一節である。少将（本文では「男君」）は、継母である北の方にいじめられている女君（本文では「女」ともいう）とひそかに結ばれて、二晩続けて通い、今夜は三日目の夜であったが、悪天候のため行けない旨を女君に知らせた。一旦は行くのをあきらめた少将であったが、乳母子（めのとご）の帯刀（たてわき）（本文では「惟成」ともいう）を伴い、大雨の中、女君の邸（やしき）に向かうことを決意する。しかし、邸への道中で、衛門督（えもんのかみ）の率いる検非違使（けびいし）たちに盗人の嫌疑を掛けられる。文章は、検非違使たちに追われた少将たちが、転んで、道ばたの汚物の上に座り込んでしまった所から始まる。これを読んで、後の問い（問1～4）に答えよ。（配点　45）

大傘を引きかたぶけて、傘につきて糞（くそ）の上を居たる、（注1）火をうち吹きて見て、「指貫（さしぬき）着たりけり。身貧しき人の、思ふ妻（め）のがり行くにこそ」など、口々に言ひて、おはしぬれば、立ちて、「衛門督（ゑもんのかみ）の a おはするなめり。われを嫌疑の者とてや捕らふると思ひつるにこそ、（注2）死にたりつれ。われ、（注3）『足白き盗人』とつけたりつるこそ、をかしかりつれ」など、ただ二人語らひて笑ひ給（たま）ふ。「あはれ、これより帰りなむ。糞つきにたり。いと臭くて、行きたらば、なかなかうとまれなむ」とのたまへば、帯刀（たてはき）、笑ふ笑ふ、「かかる雨に、かくておはしましたらば、（ア）御志を思（おぼ）さむ人は、（注4）麝香（じやかう）の香にも嗅（か）ぎなし奉り給ひてむ。殿はいと遠くなりぬ。ゆく先は、いと近し。なほ b おはしましなむ」と言へば、かばかり志深きさまにており立ちて、いたづらにやなさむと思して、おはしぬ。

門（かど）からうしてあけさせて、入（い）り給ひぬ。

（注5）帯刀が曹司（ざうし）にて、まづ、「水」とて、御足清（す）まさす。また帯刀も洗ひて、「暁（あかつき）には、いみじくとく起きよ。まだ c 暗からむに帰りなむ。とどまりてあるべきにもあらず。いとことやうなる姿なるべし」とのたまひて、格子（かうし）忍びやかに叩い給ふ。

女君、d今宵（こよひ）来ぬをつらしと思ふにはあらで、（注6）「おほかた聞こえ出でば、いかに北の方のたまはむ。世の中のすべて憂きこと」。思ひ乱れて、うち泣きて臥し給へり。あこき、思ひまうけけるかひなげに思ひて、御前（おまへ）に寄り臥したれば、ふと起きて、「など、御格子の鳴る」とて寄りたれば、「上げよ」とのたまふ声に驚きて、引き上げたれば、入りおはしたるさま、しほるばかりなり。(イ)かちよりおはしたるなめりと思ふに、めでたくあはれなること二つなくて、「いかでかくは濡れさせ給へるぞ」と聞こゆれば、（注7）「惟成（これなり）が『勘当（かんだう）重し』とわびつるが苦しさに、（注8）くくりを脛（はぎ）に上げて来つるに、倒れて土つきにたり」とて脱ぎ給へば、女君の御衣（ぞ）を取りて着せ奉りて、「干しはべらむ」と聞こゆれば、脱ぎ給ひつ。女の e臥し給へる所に寄り給ひて、「かくばかりあはれにて来たりとて、ふとかき抱き給はばこそあらめ」とて、(ウ)かいさぐり給ふに、袖（そで）の少し濡れたるを、男君、来ざりつるを思ひけるもあはれにて、

　なにごとを思へるさまの袖ならむ

とのたまへば、女君、

　身を知る雨のしづくなるべし

とのたまへば、「今宵は、身を知るならば、いとかばかりにこそ」とて臥し給ひぬ。

（注）
1　火をうち吹きて見て ―― 松明（たいまつ）の火に息を吹きかけて明るくして様子を見て。
2　死にたりつれ ―― 死ぬほど驚いた。
3　足白き盗人 ―― この場面の直前に、検非違使たちが、少将を見て、指貫から出た盗人の足が白いと言った言葉。
4　麝香 ―― 麝香鹿の分泌物から作る甘い香りの香。
5　帯刀が曹司 ―― 帯刀の部屋。帯刀は、妻であるあこきの曹司を借りて使っている。あこきは、女君に仕える女房。
6　「おほかた……憂きこと」 ―― 女君が心中で思った部分。
7　惟成が『勘当重し』とわびつる ―― 惟成が『妻のあこきの咎めが重い』とつらがった、ということ。惟成は帯刀の名。
8　くくりを脛に上げて ―― 指貫の裾をしばる紐を脛（すね）の上まで上げ、脛を出して。雨の中を歩きやすくしている様。

問1 傍線部(ア)〜(ウ)の解釈として最も適当なものを、次の各群の①〜⑤のうちから、それぞれ一つずつ選べ。解答番号は 1 〜 3 。

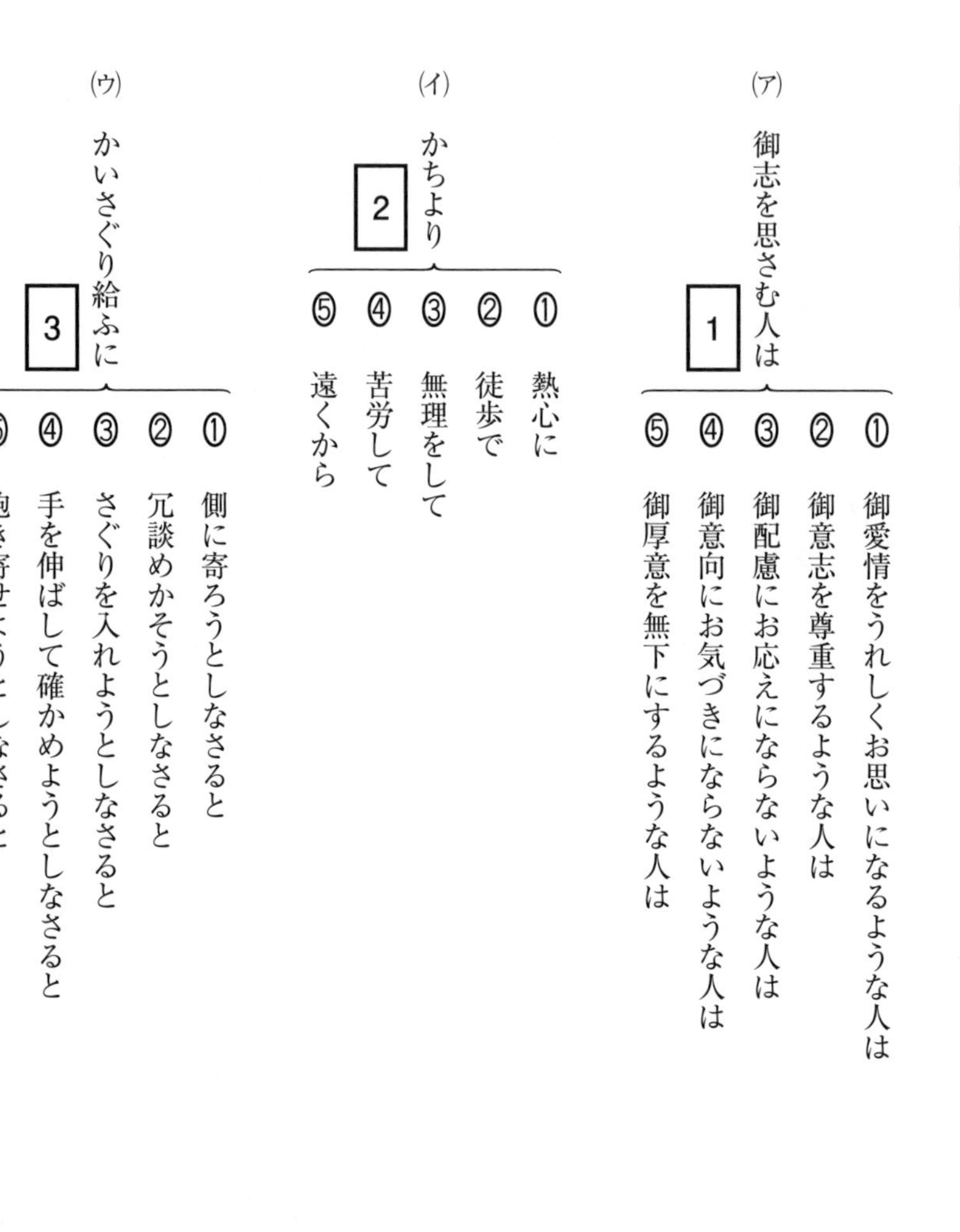

(ア) 御志を思さむ人は 1
① 御愛情をうれしくお思いになるような人は
② 御意志を尊重するような人は
③ 御配慮にお応えにならないような人は
④ 御意向にお気づきにならないような人は
⑤ 御厚意を無下にするような人は

(イ) かちより 2
① 熱心に
② 徒歩で
③ 無理をして
④ 苦労して
⑤ 遠くから

(ウ) かいさぐり給ふに 3
① 側に寄ろうとしなさると
② 冗談めかそうとしなさると
③ さぐりを入れようとしなさると
④ 手を伸ばして確かめようとしなさると
⑤ 抱き寄せようとしなさると

問2　波線部a〜eについて、語句と表現に関する説明として最も適当なものを、次の①〜⑤のうちから一つ選べ。解答番号は 4 。

① a「おはするなめり」は、「な」が断定の助動詞であり、「衛門督」がいると判断する表現になっている。
② b「おはしましなむ」は、「なむ」が強調の係助詞であり、結びの語を省略した表現になっている。
③ c「暗からむ」は、「らむ」が現在推量の助動詞であり、断定的に記述することを避けた表現になっている。
④ d「今宵来ぬ」は、「ぬ」が打消の助動詞であり「少将」の返事がないことを示す表現になっている。
⑤ e「臥し給へる」は、「給へる」が謙譲語であり、作者から「女君」への敬意を込めた表現になっている。

問3　本文の内容に関する説明として最も適当なものを、次の①〜④のうちから一つ選べ。解答番号は 5 。

① 検非違使は、少将を見て、身分の低い貴族が恋の相手もいないのに夜歩きをしていると思った。
② 帯刀は、今夜、女君の邸に行かないと妻のあこきにひどく怒られると、少将に泣きついた。
③ あこきは、格子を叩く音を聞くまでは、新婚三日目なのに少将の訪れがないと落胆していた。
④ 女君は、自分の衣を脱いで少将に着せかけ、ずぶ濡れの衣は干すので脱ぐようにと少将を促した。

問4　次に示すのは、授業で本文を読んだ後の、話し合いの様子である。これを読んで、後の(i)～(iii)の問いに答えよ。

教　師――本文の最後の部分の内容をより深く理解するために、次の文章を読んでみましょう。これは、本文と同じ『落窪物語』の巻二の一節です。本文の場面から月日が経ち、女君は、いじめられていた邸から少将によって救い出され、少将とともに二条邸で暮らしています。

> 二条におはしたれば、雪の降るを見出だして、火桶（ひをけ）に押しかかりて、灰まさぐりて居給へる、いとをかしければ、向かひ居給へるに、
>
> 　はかなくて消えなましかば思ふとも
>
> と書くを、あはれに見給ふ。まことにと思して、男君、
>
> 　いはでを（注1）こひに身をこがれまし
>
> とて、やがて、また男君、
>
> 　埋み火（うづみび）（注2）のいきてうれしと思ふにはわがふところにいだきてぞ寝る
>
> とて、かきいだきて臥し給ひぬ。
>
> （注）1　いはでを――「いはで」と同じ。「を」は強調の間投助詞。
>
> 　　　2　埋み火――消えないように、灰の中に埋めた炭火。いけ火。
>
> 
>
>
> 火桶

教　師――この文章は、少将が二条邸に帰宅した場面から始まっています。文中の「男君」は少将のことです。

生徒A――少将が帰ってきた時、女君は火桶に向かって座っていたんだね。そこで、女君が「はかなくて」の句を火桶の灰の上に書いたのか。

生徒B――そうすると、少将がその句に「いはでをこひに」の句を付けたというわけだ。

生徒C――二人の句のやりとりにはどういう意味があるんだろう……。

教　師――助動詞や掛詞に注目してみるといいですよ。

生徒C――「ましかば」は、反実仮想の助動詞「まし」を用いた仮定条件の表現だったよね。あ、そうか。この二つの句のつながりがわかった！　女君が、「もしも私がはかなく死んでしまったならば」と仮定した内容を詠んだのに呼応して、 **X** ということじゃないかな。

生徒B――なるほど、二人の句をつなげると、一文になって意味が通じるんだね。面白いなあ。

教　師――二人は、本文の終わりの部分でも連歌を詠んでいますが、本文のやりとりと巻二のやりとりとの違いはありますか。

生徒A――本文でのやりとりは **Y** 。そして、巻二では少将がさらに和歌を詠んでいる点も違っているよ。

生徒B――少将の和歌は、 **Z** 。本文でも巻二でも、やりとりのあとに「臥し給ひぬ」とあって、二人の仲の良さが伝わってくるな。

教　師――そうですね。新婚三日目のやりとりと、同居してからのやりとりについて、良い話し合いができました。当時の人々が、連歌の唱和を通じて心の交流をする様子が読み取れる場面でした。和歌や連歌は、貴族の人間関係を理解するうえでの大きなヒントになりますから、これからも学習を続けていきましょう。

(i) 空欄 **X** に入る発言として最も適当なものを、次の①～④のうちから一つ選べ。解答番号は 6 。

① 少将は、「いはで」に「言はで」と「岩」を掛けて、句を付けている
② 少将は、「こひ」に「恋」と「火」を掛けて、句を付けている
③ 少将は、「いはで」に「言はで」と「派手」を掛けて、句を付けている
④ 少将は、「こひ」に「恋」と「濃」を掛けて、句を付けている

(ii) 空欄 **Y** に入る発言として最も適当なものを、次の①～④のうちから一つ選べ。解答番号は 7 。

① 少将が自分の袖を話題にして、私の濡れた袖をどう思うかと問いかけたのに対し、女君は自分自身の袖のことを答えているから、二人の対話がかみあっていない点が、巻二と違う
② 少将が女君を気遣って、あなたは何を思って泣いていたのだろうかと詠んだのに対し、女君がそれに答えずにはぐらかしているから、女君がまだ少将に心を開いていない点が、巻二と違う
③ 少将が先に句を詠んで、雨はなぜ私の袖を濡らすのだろうかと質問を投げかけたのに対し、女君がそれはあなたの涙の雨に違いないと答えているから、句を詠む人物の順序が、巻二と違う
④ 少将が女君に、なぜあなたは泣いているのだろうかと一文で尋ねたのに対し、女君がそれに別の一文で答えているから、二句がそれぞれ独立した文になっている点が、巻二と違う

(iii)　空欄 **Z** に入る発言として最も適当なものを、次の①～④のうちから一つ選べ。解答番号は 8 。

① 自分の句の「こがれ」からの連想で「埋み火」の語を用いて、いけ火が消えずに生きているように、自分の思いも消えずに燃え続けると、女君への愛情を詠んでいる

② 「埋み火」「いきて」「うれし」と母音のイ音を含む語を用いることによって音の響きを鋭いものに整え、何があっても恋を貫き通すと、女君への愛情を詠んでいる

③ 女君の前にある「火桶」からの連想で「埋み火」の語を用いつつ、女君の句の「はかなくて消えなましかば」に呼応して、生きていてうれしいと、女君への愛情を詠んでいる

④ 灰の中で消えずに燃え続ける「埋み火」を、女君の暖かな性格に重ね合わせて表現し、穏やかな幸せがこの先も続くのがうれしいと、女君への愛情を詠んでいる

第9問 『紫式部日記』

解答・解説56ページ

次の文章は、藤原道長（本文では「あるじのおほひ殿」「殿」）の娘である中宮彰子（本文では「宮」）に親しく仕えた筆者が書いた『紫式部日記』の一節で、中宮彰子が敦成親王（本文では「若宮」「あたらしき宮」）を出産した後に、親王の父である一条天皇（本文では「上」）が、道長や彰子のいる土御門邸に行幸した時の様子を描いたものである。これを読んで、後の問い（問1〜4）に答えよ。（配点　45）

暮れゆくままに、楽（注1）どもいとおもしろし。上達部、御前に候ひ給ふ。万歳楽、太平楽、賀殿などいふ舞ども、長慶子（注2）を退出音声にあそびて、山のさきの道を舞ふほど、遠くなりゆくままに、笛の音も、鼓の音も、松風も、木深く吹きあはせていとおもしろし。いとよく張られたる遣水の、ここちゆきたるけしきして、池の水波たちさわぎ、そぞろ寒きに、上の御衵（注3）ただふたつ(ア)奉りたり。

筑前の命婦は、「故院のおはしまししとき、この殿（注4）の行幸は、いとたびたびありしことなり。そのをり、かのをり」など、思ひ出でて言ふを、ゆゆしきこと（注5）も**a**ありぬべかめれば、わづらはしとて、ことにあへしらはず、几帳へだててあるなめり。「あはれ、**b**いかなりけむ」などだにいふ人あらば、(イ)うちこぼしつべかめり。

御前の御遊びはじまりて、いとおもしろきに、若宮の御声うつくしう聞こえ給ふ。右の大臣、「万歳楽、御声に**c**あひてなむ聞こゆる」と、もてはやし聞こえ給ふ。左衛門の督など、「万歳楽、千秋楽」と、もろ声に誦じて、あるじのおほひ殿、「あはれ、さきざきの行幸を、などて面目ありと**d**思ひ給へけむ。かかりけることも侍りけるものを」と、酔ひ泣きし給ふ。(ウ)さらなることなれど、御みづからも思し知るこそ、**e**いとめでたけれ。

殿は、あなたに出でさせ給ふ。上（注6）は入らせ給ひて、右の大臣を御前に召して、筆とりて書き給ふ。宮司、殿の家司のさるべきかぎり、加階す。頭の弁して案内は奏せさせ給ふめり。あたらしき宮の御よろこびに、氏の上達部ひきつれて拝し奉り給ふ。（注7）藤原ながら門分かれたるは、列にも立たざりけり。つぎに、別当になりたる右衛門の督、大宮の大夫よ。宮の亮、加階したる侍従の宰相、つぎつぎの人、（注8）舞踏す。（注9）宮の御かたに入らせ給ひてほどもなきに、「夜いたうふけぬ。御輿寄す」とののしれば、出でさせ給ひぬ。

（注）
1　楽――奏楽。ここでは、庭の池に浮かべた舟に乗った楽人が演奏し、庭に作られた舞台で舞人が舞を披露している。
2　長慶子を……なりゆくままに――舞人が舞台から退出する曲を、舟に乗った楽人たちが演奏しながら、その舟が庭の築山の先の水路を巡る様子。
3　御袙――束帯装束で着る袷の着物。寒いときには何枚も重ねて着た。
4　この殿――土御門邸。藤原道長の邸。
5　ゆゆしきこと――泣くことを指す。晴れの席で泣くことは不吉とされた。
6　上は入らせ給ひて……給ふめり。――一条天皇が部屋に入り、右大臣に命じて昇進する人々の名簿の草案を書かせている様子。以下は、この行幸に関係した人々が加階（＝昇進）し、それに対する天皇への拝礼をする様子が描かれている。
7　藤原ながら……立たざりけり。――同じ藤原氏でも、家門の異なる人々は拝礼の列に並ばなかったということ。藤原氏は、南家・北家など四家に分かれ、道長のいる北家が皇室と姻戚関係を結んで勢力をふるっていた。
8　舞踏――拝礼の作法の一つ。舞うように拝する。叙位・任官または、禄などをいただくときに行う。
9　宮の御かた――中宮彰子の御帳台。御帳台は、帳を張って囲んだ貴人の座所。

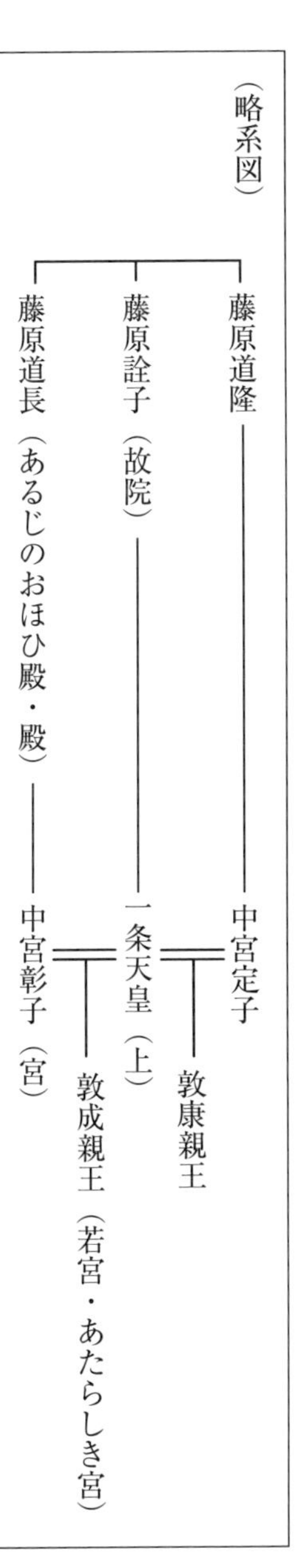

問1 傍線部(ア)〜(ウ)の解釈として最も適当なものを、次の各群の①〜⑤のうちから、それぞれ一つずつ選べ。解答番号は 1 〜 3 。

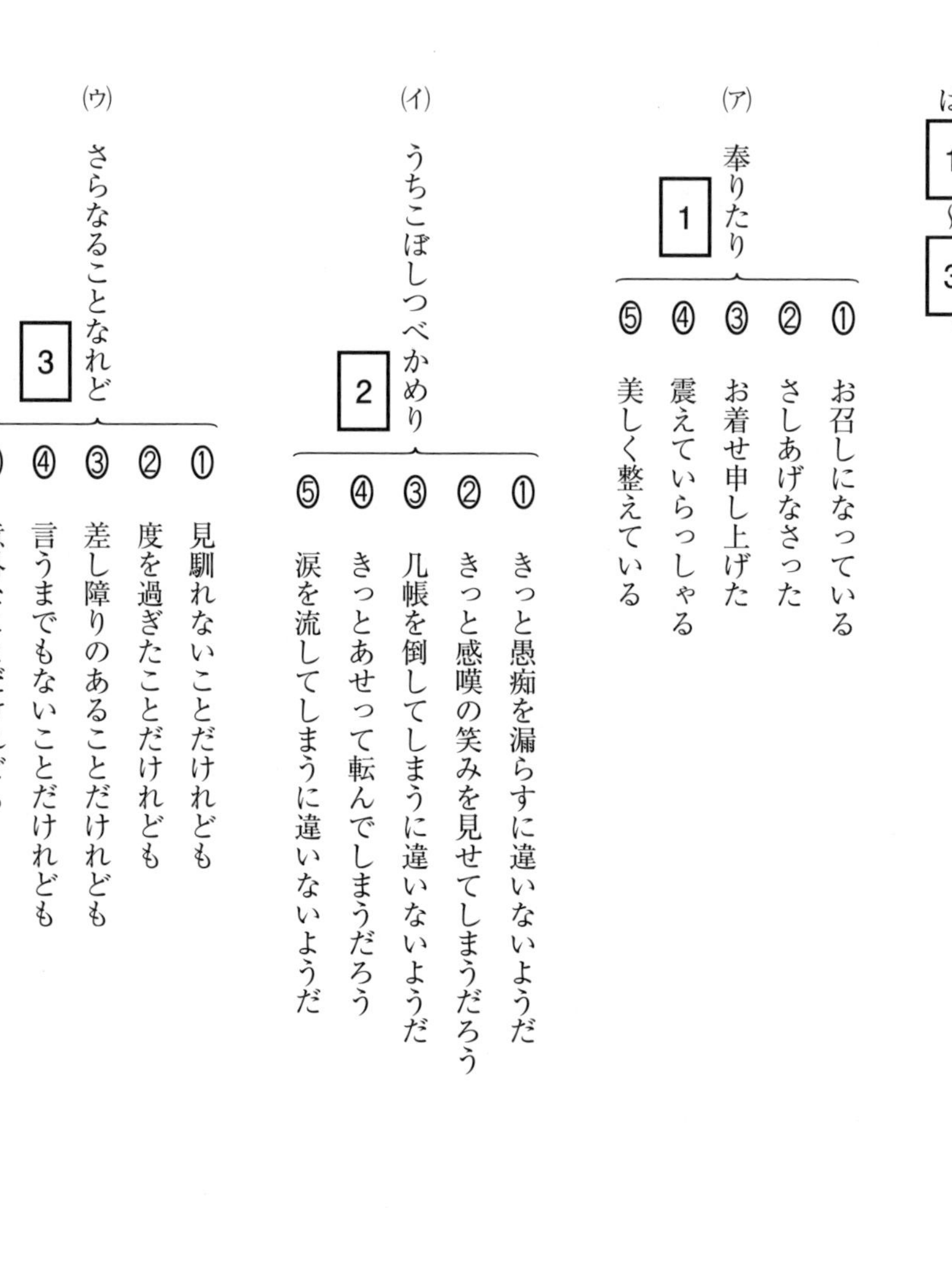

(ア) 奉りたり 1

① お召しになっている
② さしあげなさった
③ お着せ申し上げた
④ 震えていらっしゃる
⑤ 美しく整えている

(イ) うちこぼしつべかめり 2

① きっと愚痴を漏らすに違いないようだ
② きっと感嘆の笑みを見せてしまうだろう
③ 几帳を倒してしまうに違いないようだ
④ きっとあせって転んでしまうだろう
⑤ 涙を流してしまうに違いないようだ

(ウ) さらなることなれど 3

① 見馴れないことだけれども
② 度を過ぎたことだけれども
③ 差し障りのあることだけれども
④ 言うまでもないことだけれども
⑤ 意外なことだけれども

問2　波線部a〜eについて、語句と表現に関する説明として最も適当なものを、次の①〜⑤のうちから一つ選べ。解答番号は 4 。

① a「ありぬべかめれば」は、「ぬ」が完了の助動詞であり、「筑前の命婦」が泣いてしまったことがわかる表現になっている。
② b「いかなりけむ」は、「なり」が四段活用の動詞であり、今後の成り行きを読者に推測させる表現になっている。
③ c「あひてなむ」は、「む」が婉曲の助動詞であり、万歳楽の音色のすばらしさを間接的に示す表現になっている。
④ d「思ひ給へけむ」は、「給へ」が謙譲語であり、「あるじのおほひ殿」から、聞き手に対する敬意を込めた表現になっている。
⑤ e「いとめでたけれ」は、「けれ」が詠嘆の助動詞であり、「あるじのおほひ殿」の行為に対する筆者の深い感動を込めた表現になっている。

問3　本文の内容に関する説明として最も適当なものを、次の①〜④のうちから一つ選べ。解答番号は 5 。

① 殿上人たちは、天皇のために奏楽の音色を松風に合わせて吹くようにと、舟の上の楽人たちに依頼した。
② 筑前の命婦に昔話をこれ以上させないでおこうと、まわりの女房たちは話相手にならないようにした。
③ 今回の行幸の功績として土御門邸の人々を加階してくれるようにと、中宮彰子は天皇に願い出た。
④ 天皇は、中宮彰子や若宮との名残を惜しんで、迎えが来てもなかなか宮中に帰ろうとしなかった。

問4　次に示すのは本文を解説した文章である。これを読んで、後の(i)〜(iii)の問いに答えよ。

本文の筆者、紫式部は、藤原道長の娘である中宮彰子に仕えた女房である。彰子に仕える中で、彰子の父親である道長の姿を近くで目にする機会も多かったであろう。道長というと、娘を次々と入内(じゅだい)させて、生まれた子が天皇になると、その外祖父として権力をほしいままにした人物という印象が強い。摂関政治を確立した人物として、教科書でもおなじみである。しかし、本文に描かれる道長はどうだろうか。有能で冷徹な政治家としての一面というよりは、［X］としての一面が描かれているといえるだろう。こういった人間的な道長の姿を書き残すことができたのは、近くで道長を見ていた筆者ならではの手柄である。

同じ行幸の場面を描いた『栄花物語』には、次のように道長が述懐する箇所がある。

「一の御子の生まれ給へりし折、とみにも見ず聞かざりしはや。なほずちなし。かかる筋には、ただ頼もしう思ふ人のあらんこそ、かひがひしうあるべかめれ。いみじき国王の位なりとも、後見(うしろみ)もてはやす人なからんは、わりなかるべきわざかな」と思さるるよりも、行末までの御有様どもの思しつづけられて、まづ人知れずあはれに思し召されけり。

これは、本文に登場する敦成親王の腹違いの兄に当たる、第一皇子の敦康親王についての述懐である。敦康親王の母は中宮定子であるが、親王が生まれた時には、母方の父である藤原道隆はすでに亡くなっていたため、敦康親王は誕生時から社会的に不安定な立場であった。『栄花物語』の、［Y］。一方、こういった第一皇子に関する記述は本文の中には見受けられない。紫式部にとっての主人は中宮彰子であるので、中宮定子の産んだ敦康親王に関しては書く必要がなかったのだろう。

また、『紫式部日記』は自照性の高い作品であると評される。それは、作品中に女房生活における率直な心情を吐露した部分があるからである。そもそも日記は、筆者の私的な記録や心情表出の手段の一つであるが、女房日記の場合は、主人や主人の家を賛美する手段でもあった。本文にはその両面が表れており、**Z** といえるだろう。『源氏物語』の作者としての評判を買われて出仕したとされる筆者は、持ち前の観察眼と筆力で中宮彰子一家を巡る出来事を記録するとともに、自分自身の内面や周辺についても、詳細に書き留めたのである。

(i) 空欄 **X** に入る文章として最も適当なものを、次の①～④のうちから一つ選べ。解答番号は **6** 。

① 昔の行幸の盛大さに比べて今回は劣っているのではないかと気に掛けるような臆病な人物
② 今回の行幸を名誉なことだと得意がっていたことについて自ら反省するような謙虚な人物
③ 親王誕生による今回の行幸を栄誉に感じて思わず涙を流すような自分の感情に素直な人物
④ 今回の行幸における一門の加階に驚いて上達部に真偽を確かめに行くような慎重な人物

(ii) 空欄 Y に入る文章として最も適当なものを、次の ①～④ のうちから一つ選べ。解答番号は 7 。

① 宮中での後ろだてのない敦康親王の将来に思いを馳せる様子からは、為政者としての道長の葛藤や感慨が伝わってくる

② 幼い敦康親王の弱点を把握して皇太子になる可能性を排除しようと策を練る様子からは、道長のしたたかさが伝わってくる

③ 自分の孫のライバルになるはずの存在であっても敦康親王の将来に期待する様子からは、道長の公平さが伝わってくる

④ 不憫な生まれの敦康親王に陰ながら後見をしようと手を尽くす様子からは、権力者らしからぬ道長の優しさが伝わってくる

(iii) 空欄 **Z** に入る文章として**適当でないもの**を、次の①～④のうちから一つ選べ。解答番号は **8** 。

① 奏楽や舟遊びなどの行幸の夜における祝宴の華やかさを具体的に描いているのは、盛大な行幸の成功を世間に印象づけたいからだ

② 道長や彰子に関することに留まらず、女房たちに関することまでの細かい叙述があるのは、同じ女房としての立場で周囲を観察しているからだ

③ 敦成親王の幼少時からの優秀さを強調する叙述があるのは、親王が将来の天皇になるだろうということを読者に予想させようとしているからだ

④ 天皇による加階についての手順や感謝の拝礼の様子などを詳細に描いているのは、道長を中心とする藤原一門の盛栄を記録する意図があるからだ

第10問 『古事談』『中外抄』『影と花 説話の径を』

解答・解説62ページ

次の【文章Ⅰ】と【文章Ⅱ】は、それぞれ『古事談』と『中外抄』の一話であり、また、【文章Ⅲ】は、それらに関する文章の一部である。これらを読んで、後の問い（問1〜4）に答えよ。なお、設問の都合で【文章Ⅲ】の段落に1〜7の番号を付してある。（配点　45）

【文章Ⅰ】

（注1）仏師定朝の弟子（注2）覚助をば義絶して、家の中へも入れざりけり。しかれども母に謁せむがために、定朝、他行のひまなどには、密密に来たりけり。定朝、（注3）左近府に（注4）陵王の面 a 打ち奉るべき由、仰せ下さるるによりて、(ア)至心に打ち出だして、（注5）褻居の前なる柱に懸けて置きたりけるを、父、他行のひまに覚助来たりけるに、この面を取り下ろして見て、「(イ)あな心う。この定にて(ウ)奉られたらましかば、あさましからまし」とて、腰刀を抜きてむずむずとけづり直して、もとのごとく柱に懸けて、退き帰りをはんぬ。定朝、帰り来たりてこの面を見ていはく、「このしれ者、来たり入りたりけりな。不孝の者、他行の間なりといへども、入り居る事、奇怪なる事なり。この陵王の面作り直してけり。ただしかなしく直されにけり」とて、勘当を b ゆるさしむと云々。

【文章Ⅱ】

（注6）法成寺阿弥陀堂九体仏は、（注7）宇治殿以下公達、おのおの相ひ分かれて造立せしめ了んぬ。（注8）御堂に c 渡し奉らるるに、車八両にて四方に布を引き廻らして、雲など書きて、その内に仏を安んじ奉る。楽人は鼓を打ち、近衛の官人は車を引き、僧は行列す。御堂に据ゑ並べられて後、（注9）御堂の、（注10）仏師康尚に d 仰せられて云はく、「直すべき事ありや」と。申して云はく、

「直すべき事候ふ」。(注11)麻柱を構へて後、康尚云はく、「はやくまかり上れ」と云ひければ、二十ばかりなる法師の、薄色の指貫、(注12)桜の裘代に、裳は着して、袈裟は懸けざりける、(注13)槌・鑿を持ちて金色の仏の面をけづりけり。御堂の康尚に仰せて云はく、「彼はいかなる者ぞ」。康尚の申して云はく、「康尚の弟子、定朝なり」と。その後、e おぼしつきて世の一物になりたり。

(注)
1　定朝――平安時代中期を代表する仏師。
2　弟子覚助――定朝の子。仏師としての弟子でもあった。
3　左近府――宮中の警護などに当たった役所。左近衛府。
4　陵王の面――舞楽「陵王」で使う面。左近衛府の官人は、儀式で舞を舞う事が多く、そのための面が必要であった。
5　褻居――居間。
6　法成寺阿弥陀堂九体仏――法成寺は、現在の京都市左京区にあった寺。一〇二二年、藤原道長の建立。道長はここに阿弥陀堂を建立し、九体の阿弥陀仏を安置させた。
7　宇治殿――藤原頼通。藤原道長の子。
8　御堂――法成寺阿弥陀堂。
9　御堂――藤原道長。太政大臣。法成寺を建立して、そこに住んだことから「御堂」と呼ばれる。以下の「御堂」も道長のこと。
10　康尚――平安時代中期の仏師。定朝の父。
11　麻柱――工事用の足場。
12　裘代――僧服の一種。後の「裳」「袈裟」も僧服の種類。
13　槌・鑿――彫刻に使う工具。

【文章Ⅲ】

1 『中外抄』『古事談』二つの、定朝の話を結びつける、そうすることによって説話というものに、参加してみること――説話に作者となってみることも面白いであろう。それも説話の、一つの読み方であろう。説話として言う――。

2 『中外抄』の康尚は、自分の作った像の不備を自ら言い立てて定朝に直させた。それは子を、その技倆（ぎりよう）を以（もつ）て道長の権力に推挙することであった。そして定朝の振舞（ふるまい）には、大宮人や楽人・近衛官人・僧たちの面前にあって臆するところなく、大仏師の造像に遠慮することもなかった。『古事談』の覚助は腰刀を抜いて定朝の面を、「むずむずと」削った。この語は、何にも遠慮・顧慮することのない、意志的に強い行為にいう副詞である。

3 『古事談』の定朝は、陵王面に刀を入れた覚助に、昔、法成寺阿弥陀堂九体仏の金色の仏面に鑿を入れた自分を想起して重ねた、そして、だからこそ、定朝は覚助を容れた。これはそういう説話である。

4 まだ若い覚助が定朝に技能的に優越していたというような話ではない。勿論、覚助の技能が凡庸であったりすれば説話自体が成り立たないが、技倆の客観的な優劣などは、この説話のテーマではない。いうならば覚助の若い覇気を、父としてよろこんで定朝が聴（ゆる）した、そういう話である。『古事談』の話それ自体において既にそうなのだが、『中外抄』の話と一つにして試みる説話化は、聴すことを、昔の自分に重ねることにおいて定朝がなした、と、理由づけることになる。定朝は、昔の定朝を覚助に重ねるとともに、そうすることによって、今の定朝をあのときの父・康尚に重ねることになった。

5 覚助はそのときまで、勘当されていたと設定されている。勘当とは、系譜を名乗ることと、財産を相続する権利とを失うことである。後者、財産にかかわることはいま、どうでもよい。勘当の理由――系譜を名乗ることを定朝から禁ぜられた理由は、語られておらず、具体的に何であったかは知らず、けれどやはり、造仏のことにかかわって覚助の若い覇気が犯した何かであろう。という想定も同じ、読むことの説話化のうちに属する。

6 若い覇気によって蒙（こうむ）った勘当が、いま、その行為の覇気によって、覚助は許された。説話化のなか、定朝は自分の若かった覇気を想い起こすことにあって、覚助の勘当を許した。よろこんで子を容れた。

7 説話集には、父と子とめぐる話が屢々（しばしば）語られている。武者としての意地や武芸における父子、文芸・芸能における父子、術道・技能における父子、そしてことさらな要所をもたぬ日常普通における父子。それらを通じて、父が子を容れる、容れることのよろこびを語る話は、その一つのタイプであった。

（川端善明（かわばたよしあき）『影と花　説話の径（みち）を』による）

問1 傍線部(ア)〜(ウ)の解釈として最も適当なものを、次の各群の①〜⑤のうちから、それぞれ一つずつ選べ。解答番号は 1 〜 3 。

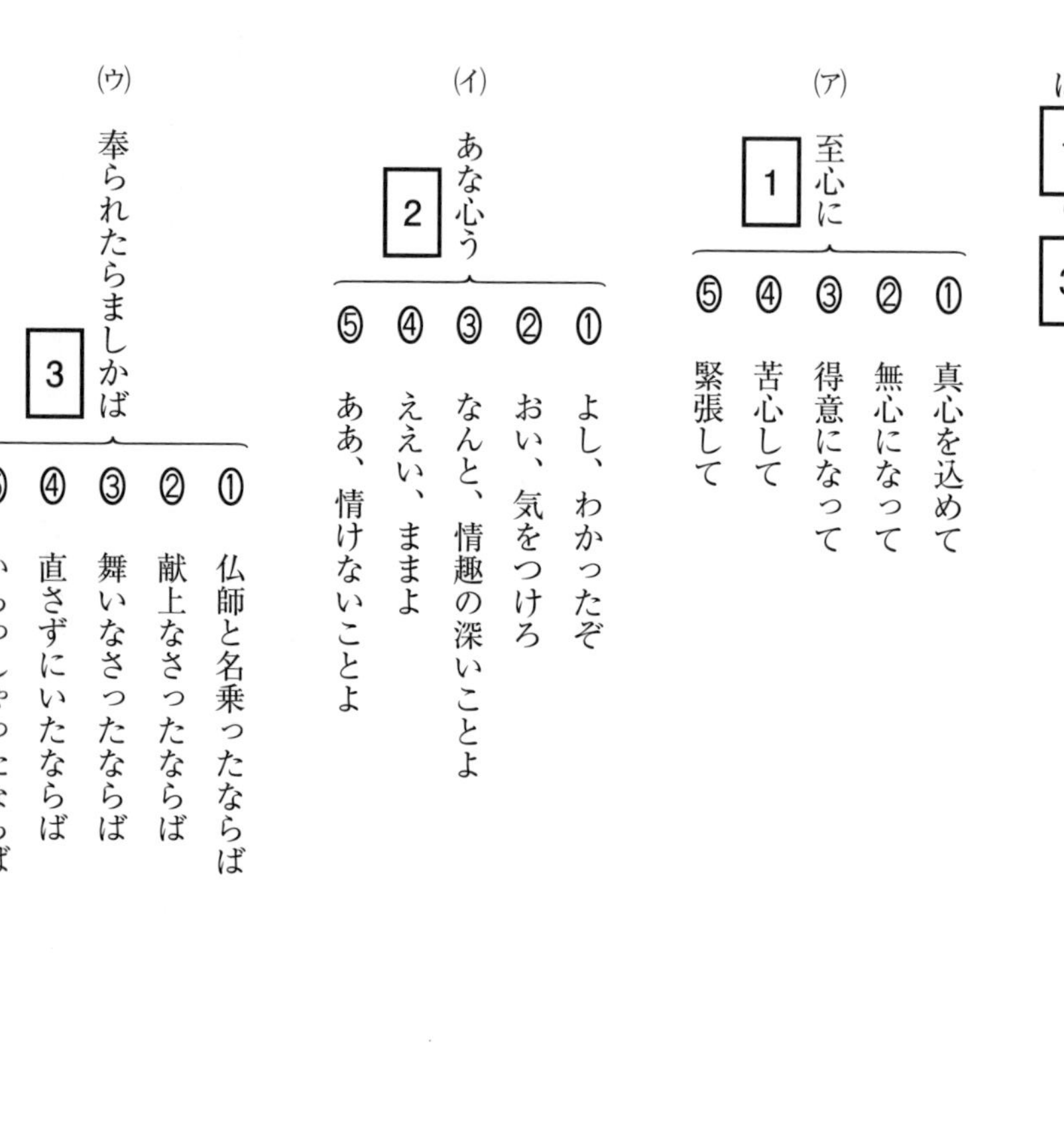

(ア) 至心に 1

① 真心を込めて
② 無心になって
③ 得意になって
④ 苦心して
⑤ 緊張して

(イ) あな心う 2

① よし、わかったぞ
② おい、気をつけろ
③ なんと、情趣の深いことよ
④ ええい、ままよ
⑤ ああ、情けないことよ

(ウ) 奉られたらましかば 3

① 仏師と名乗ったならば
② 献上なさったならば
③ 舞いなさったならば
④ 直さずにいたならば
⑤ いらっしゃったならば

問2　波線部**a**〜**e**について、語句と表現に関する説明として最も適当なものを、次の①〜⑤のうちから一つ選べ。解答番号は 4 。

①　**a**　「打ち奉るべき」は、「奉る」が謙譲語であり、筆者から「定朝」への敬意を込めた表現になっている。

②　**b**　「ゆるさしむ」は、「しむ」が尊敬の助動詞であり、「定朝」から「覚助」への敬意を込めた表現になっている。

③　**c**　「渡し奉らるる」は、「るる」が尊敬の助動詞であり、筆者から「九体仏」への敬意を込めた表現になっている。

④　**d**　「仰せられて」は、「仰せられ」が謙譲語であり、筆者から「康尚」への敬意を込めた表現になっている。

⑤　**e**　「おぼしつきて」は、「おぼし」が尊敬語であり、筆者から「御堂」への敬意を込めた表現になっている。

問3　二重傍線部「直すべき事候ふ」と言った康尚の心情を、【文章Ⅲ】の筆者はどう考えているか。その説明として最も適当なものを、次の①～⑤のうちから一つ選べ。解答番号は 5 。

① 康尚は、不完全な出来映えの彫刻を見て、息子の定朝がわざと仕組んだものだと気づき、定朝の対処の仕方を楽しみにしている。

② 康尚は、不完全な彫刻の仕上げを息子の定朝に託すことが、その場の皆に定朝の腕前を見せる良い機会になると思っている。

③ 康尚は、息子の定朝の不完全な彫刻の出来映えに落胆したが、それを自分で直させることで名誉を回復させようと思っている。

④ 康尚は、大勢の前で不完全な彫刻しか施せなかった自分の恥を、息子の定朝の卓越した技術でそそいでほしいと思っている。

⑤ 康尚は、自分では完全な彫刻だと思ったものの、息子の定朝の新しい感性を取り入れることでより良いものに仕上がるはずだと思っている。

問4　次に示すのは、授業で【文章Ⅰ】～【文章Ⅲ】を読んだ後の、話し合いの様子である。これを読んで、後の(i)～(iii)の問いに答えよ。

教　師――【文章Ⅰ】と【文章Ⅱ】は仏師定朝をめぐる二つの説話でした。説話そのものも魅力的ですが、それについて論じている【文章Ⅲ】を読むことで、またあらたな世界がひろがります。【文章Ⅲ】の筆者が、二つの説話をどうとらえているかについて話し合ってみましょう。

生徒A――【文章Ⅲ】の3段落に「定朝は覚助を容れた」という表現があるけど、どういう意味だろう。

生徒B――「容れた」の横に「、、」をつけているから、筆者が強調しているんだと思うんだけど……。

生徒C――定朝と覚助の話だから、【文章Ⅰ】のことだよね。それなら、 X ということじゃないかな。

生徒A――なるほど、そう考えると、二人の関係性が見えてくるね。

生徒B――じゃあ、4段落の「この説話のテーマ」というのは、どういうことなのかな。

生徒C――筆者は「技倆の客観的な優劣」ではないと言っているね。筆者の考える【文章Ⅰ】のテーマってなんだろう。

生徒A――【文章Ⅱ】も合わせて考えると、 Y 定朝の心情を中心としているのだと思う。

生徒B――そうだね。【文章Ⅲ】の筆者は、そういう親子の関係に着目しているんだな。

生徒C――そのように独自の視点で読むことを、筆者は5段落で「読むことの説話化」と名付けているね。

生徒A――うん。4段落や6段落でも、「説話化」と強調しているよ。

生徒B――【文章Ⅲ】全体から考えると、ここで筆者の言う「説話化」というのは、 Z ということなんだろう。

生徒C――そうか、筆者は、別の二つの説話を結びつけることを、「説話化」と名付けているんだな。1段落に「説話というものに、参加してみる」「説話に作者となってみる」とあるのも、同じことを指しているんだろう。

教　師――平安時代から鎌倉時代にかけては、多くの説話集が作られました。類似の説話や、同じ人物についての説話も少なくありません。【文章Ⅲ】の筆者のように、それらの説話を結びつけて考え、説話と説話の間を自分の推測で埋めてみる「説話化」の楽しみもありそうです。

(i) 空欄 X に入る発言として最も適当なものを、次の①～④のうちから一つ選べ。解答番号は 6 。

① 【文章Ⅰ】に「むずむずとけづり直して」とあるように、覚助が父の作った面に躊躇(ちゅうちょ)なく刃を入れた

② 【文章Ⅰ】に「もとのごとく柱に懸けて」とあるように、定朝が覚助との合作となった面に満足した

③ 【文章Ⅰ】に「奇怪なる事なり」とあるように、定朝は勘当した息子が家に来ることを認めなかった

④ 【文章Ⅰ】に「ただしかなしく直されにけり」とあるように、定朝が息子の技倆を認めるにいたった

(ii) 空欄 Y に入る発言として最も適当なものを、次の①～④のうちから一つ選べ。解答番号は 7 。

① 昔、父が自分の行為を許したように、自分も息子に寛大でなければならなかったと気づく

② 自分より優れた技倆を持つ息子の若さと勢いを前にして、自分の老いと衰えを受け入れざるを得ない

③ 昔、自分が父の作品を仕上げた時のように、臆することなく父の面を直した息子を頼もしく感じる

④ 息子の破天荒な行動に腹が立って勘当しながらも、息子の強烈な個性を受け入れて伸ばしてやろうとする

(iii) 空欄 **Z** に入る発言として最も適当なものを、次の①〜④のうちから一つ選べ。解答番号は **8**。

① 直接の関連が明示されていない【文章Ⅰ】と【文章Ⅱ】の二つの話を結びつけて、陵王の面や九体仏に着眼し、単なる木工技術者ではない仏師の精神性の根源を推測してみること

② 直接の関連が明示されていない【文章Ⅰ】と【文章Ⅱ】の二つの話を結びつけて、父を越えていく息子を認めるという共通点に着眼し、父子の一つのありかたの典型を推測してみること

③ 直接の関連が明示されていない【文章Ⅰ】と【文章Ⅱ】の二つの話を結びつけて、祖父康尚と孫覚助の芸術家としての共通点に着眼し、脈々と流れる仏師の系譜を推測してみること

④ 直接の関連が明示されていない【文章Ⅰ】と【文章Ⅱ】の二つの話を結びつけて、確執のあった子を許す父という共通点に着眼し、仏師にも普通の父子と同じ日常があると推測してみること

＊練習用マークシート

第 3 問

	解答欄								
	1	2	3	4	5	6	7	8	9
1	①	②	③	④	⑤	⑥	⑦	⑧	⑨
2	①	②	③	④	⑤	⑥	⑦	⑧	⑨
3	①	②	③	④	⑤	⑥	⑦	⑧	⑨
4	①	②	③	④	⑤	⑥	⑦	⑧	⑨
5	①	②	③	④	⑤	⑥	⑦	⑧	⑨
6	①	②	③	④	⑤	⑥	⑦	⑧	⑨
7	①	②	③	④	⑤	⑥	⑦	⑧	⑨
8	①	②	③	④	⑤	⑥	⑦	⑧	⑨
9	①	②	③	④	⑤	⑥	⑦	⑧	⑨
10	①	②	③	④	⑤	⑥	⑦	⑧	⑨

第 4 問

	解答欄								
	1	2	3	4	5	6	7	8	9
1	①	②	③	④	⑤	⑥	⑦	⑧	⑨
2	①	②	③	④	⑤	⑥	⑦	⑧	⑨
3	①	②	③	④	⑤	⑥	⑦	⑧	⑨
4	①	②	③	④	⑤	⑥	⑦	⑧	⑨
5	①	②	③	④	⑤	⑥	⑦	⑧	⑨
6	①	②	③	④	⑤	⑥	⑦	⑧	⑨
7	①	②	③	④	⑤	⑥	⑦	⑧	⑨
8	①	②	③	④	⑤	⑥	⑦	⑧	⑨
9	①	②	③	④	⑤	⑥	⑦	⑧	⑨
10	①	②	③	④	⑤	⑥	⑦	⑧	⑨

第 5 問

	解答欄								
	1	2	3	4	5	6	7	8	9
1	①	②	③	④	⑤	⑥	⑦	⑧	⑨
2	①	②	③	④	⑤	⑥	⑦	⑧	⑨
3	①	②	③	④	⑤	⑥	⑦	⑧	⑨
4	①	②	③	④	⑤	⑥	⑦	⑧	⑨
5	①	②	③	④	⑤	⑥	⑦	⑧	⑨
6	①	②	③	④	⑤	⑥	⑦	⑧	⑨
7	①	②	③	④	⑤	⑥	⑦	⑧	⑨
8	①	②	③	④	⑤	⑥	⑦	⑧	⑨
9	①	②	③	④	⑤	⑥	⑦	⑧	⑨
10	①	②	③	④	⑤	⑥	⑦	⑧	⑨

第 8 問

	解答欄								
	1	2	3	4	5	6	7	8	9
1	①	②	③	④	⑤	⑥	⑦	⑧	⑨
2	①	②	③	④	⑤	⑥	⑦	⑧	⑨
3	①	②	③	④	⑤	⑥	⑦	⑧	⑨
4	①	②	③	④	⑤	⑥	⑦	⑧	⑨
5	①	②	③	④	⑤	⑥	⑦	⑧	⑨
6	①	②	③	④	⑤	⑥	⑦	⑧	⑨
7	①	②	③	④	⑤	⑥	⑦	⑧	⑨
8	①	②	③	④	⑤	⑥	⑦	⑧	⑨
9	①	②	③	④	⑤	⑥	⑦	⑧	⑨
10	①	②	③	④	⑤	⑥	⑦	⑧	⑨

第 9 問

	解答欄								
	1	2	3	4	5	6	7	8	9
1	①	②	③	④	⑤	⑥	⑦	⑧	⑨
2	①	②	③	④	⑤	⑥	⑦	⑧	⑨
3	①	②	③	④	⑤	⑥	⑦	⑧	⑨
4	①	②	③	④	⑤	⑥	⑦	⑧	⑨
5	①	②	③	④	⑤	⑥	⑦	⑧	⑨
6	①	②	③	④	⑤	⑥	⑦	⑧	⑨
7	①	②	③	④	⑤	⑥	⑦	⑧	⑨
8	①	②	③	④	⑤	⑥	⑦	⑧	⑨
9	①	②	③	④	⑤	⑥	⑦	⑧	⑨
10	①	②	③	④	⑤	⑥	⑦	⑧	⑨

第 10 問

	解答欄								
	1	2	3	4	5	6	7	8	9
1	①	②	③	④	⑤	⑥	⑦	⑧	⑨
2	①	②	③	④	⑤	⑥	⑦	⑧	⑨
3	①	②	③	④	⑤	⑥	⑦	⑧	⑨
4	①	②	③	④	⑤	⑥	⑦	⑧	⑨
5	①	②	③	④	⑤	⑥	⑦	⑧	⑨
6	①	②	③	④	⑤	⑥	⑦	⑧	⑨
7	①	②	③	④	⑤	⑥	⑦	⑧	⑨
8	①	②	③	④	⑤	⑥	⑦	⑧	⑨
9	①	②	③	④	⑤	⑥	⑦	⑧	⑨
10	①	②	③	④	⑤	⑥	⑦	⑧	⑨

マーク例

良い例	悪い例
●	⊙ ⊗ ◐ O

注意事項

1 訂正は、消しゴムできれいに消し、消しくずを残してはいけません。

2 所定欄以外にはマークしたり、記入したりしてはいけません。

3 汚したり、折りまげたりしてはいけません。

第 1 問

	解			答			欄		
	1	2	3	4	5	6	7	8	9
1	①	②	③	④	⑤	⑥	⑦	⑧	⑨
2	①	②	③	④	⑤	⑥	⑦	⑧	⑨
3	①	②	③	④	⑤	⑥	⑦	⑧	⑨
4	①	②	③	④	⑤	⑥	⑦	⑧	⑨
5	①	②	③	④	⑤	⑥	⑦	⑧	⑨
6	①	②	③	④	⑤	⑥	⑦	⑧	⑨
7	①	②	③	④	⑤	⑥	⑦	⑧	⑨
8	①	②	③	④	⑤	⑥	⑦	⑧	⑨
9	①	②	③	④	⑤	⑥	⑦	⑧	⑨
10	①	②	③	④	⑤	⑥	⑦	⑧	⑨

第 2 問

	解			答			欄		
	1	2	3	4	5	6	7	8	9
1	①	②	③	④	⑤	⑥	⑦	⑧	⑨
2	①	②	③	④	⑤	⑥	⑦	⑧	⑨
3	①	②	③	④	⑤	⑥	⑦	⑧	⑨
4	①	②	③	④	⑤	⑥	⑦	⑧	⑨
5	①	②	③	④	⑤	⑥	⑦	⑧	⑨
6	①	②	③	④	⑤	⑥	⑦	⑧	⑨
7	①	②	③	④	⑤	⑥	⑦	⑧	⑨
8	①	②	③	④	⑤	⑥	⑦	⑧	⑨
9	①	②	③	④	⑤	⑥	⑦	⑧	⑨
10	①	②	③	④	⑤	⑥	⑦	⑧	⑨

第 6 問

	解			答			欄		
	1	2	3	4	5	6	7	8	9
1	①	②	③	④	⑤	⑥	⑦	⑧	⑨
2	①	②	③	④	⑤	⑥	⑦	⑧	⑨
3	①	②	③	④	⑤	⑥	⑦	⑧	⑨
4	①	②	③	④	⑤	⑥	⑦	⑧	⑨
5	①	②	③	④	⑤	⑥	⑦	⑧	⑨
6	①	②	③	④	⑤	⑥	⑦	⑧	⑨
7	①	②	③	④	⑤	⑥	⑦	⑧	⑨
8	①	②	③	④	⑤	⑥	⑦	⑧	⑨
9	①	②	③	④	⑤	⑥	⑦	⑧	⑨
10	①	②	③	④	⑤	⑥	⑦	⑧	⑨

第 7 問

	解			答			欄		
	1	2	3	4	5	6	7	8	9
1	①	②	③	④	⑤	⑥	⑦	⑧	⑨
2	①	②	③	④	⑤	⑥	⑦	⑧	⑨
3	①	②	③	④	⑤	⑥	⑦	⑧	⑨
4	①	②	③	④	⑤	⑥	⑦	⑧	⑨
5	①	②	③	④	⑤	⑥	⑦	⑧	⑨
6	①	②	③	④	⑤	⑥	⑦	⑧	⑨
7	①	②	③	④	⑤	⑥	⑦	⑧	⑨
8	①	②	③	④	⑤	⑥	⑦	⑧	⑨
9	①	②	③	④	⑤	⑥	⑦	⑧	⑨
10	①	②	③	④	⑤	⑥	⑦	⑧	⑨

短期攻略 大学入学共通テスト 古文〈改訂版〉

著　　者　菅野三恵
　　　　　柳田縁
発 行 者　山﨑良子
印刷・製本　日経印刷株式会社

発 行 所　駿台文庫株式会社
〒101－0062　東京都千代田区神田駿河台1－7－4
小畑ビル内
TEL. 編集 03(5259)3302
販売 03(5259)3301
《改①－164pp.》

落丁・乱丁がございましたら，送料小社負担にてお取替えいたします。

ISBN978－4－7961－2395－2　Printed in Japan

駿台文庫 Web サイト
https://www.sundaibunko.jp

イラスト：竹内美奈子

駿台受験シリーズ

短期攻略

大学入学 共通テスト

古文

改訂版

菅野三恵・柳田　縁　共著

解答・解説編

駿台文庫

目次

コラム

第1問 『本朝美人鑑』

解答

設問	配点	解答番号	正解	自己採点欄
1	各4点	1	②	
		2	④	
		3	⑤	
2	7点	4	③	
3	5点	5	②	
4	7点	6	④	
5	7点	7	③	
	7点	8	④	
合計			／45点	

訳例

吉野の内裏にお仕え申し上げている弁内侍といった人は、後醍醐天皇の忠臣の、右少弁俊基朝臣の娘である。（後醍醐）天皇が、吉野へお移りになった頃、お呼び立てになって連れてお行きになり、その昔、父の朝臣が、天皇のために身を滅ぼしたことなどを、たいそう殊勝だとお思いになり、お忘れにならないので、「せめてその人の身代わり」などと手厚くお言葉をおかけになった。この内侍は、生まれつきの性質、容貌、心の持ちようがこの世に比類がなく、漢詩文の道に不案内でなくて、和歌の名人である。あれこれ備わっている女性なので、（後村上）天皇もまた大切にし申し上げなさる。

ある年、師直が、皇居を襲った頃、わずかにこの内侍の整った容貌を伝え聞き、いつの間にか重い恋の悩みとなった。これによって、京から来ている人を説得し、あの内侍の縁者である人のところへ、「何でも領地などを差し上げましょう。恐れ入りますが、住吉神社参詣にかこつけ、こっそりとこの内侍をだ

出典

『本朝美人鑑』 江戸時代中期の仮名草子 作者 未詳

古典文学で有名な三十六人の女性の逸話を集め、後代の女性たちに対して「素直ならん鑑ともなれかし」という目的で書かれた教訓物の仮名草子。『日本書紀』をはじめとする過去の古典文学に発想を得て、創作を交えて理想の女性像を描く。

仮名草子とは、江戸時代初期に著作・刊行された散文作品で、中世の御伽草子の後を受け、後の近代小説のさきがけとなった。

『太平記』 室町時代の軍記物語 作者 未詳

後醍醐天皇の即位から南北朝の争乱を経て室町時代に至る約五十年間の動向が、和漢混交文で描かれている。合戦の記事に加え、武将の逸話なども多く、後の謡曲や浄瑠璃などの文芸にも大きな影響を与えた。

まして誘い出してくださいよ」などと、たいそう心を込めて伝えた。元来、この師直は威勢（があること）はもちろん、正気ではないほどの好色者で十分に裕福なので、ちょっとした仲介者にも小袖を与え、金銀を贈ったので、言うことを聞かない者はなく、思いを遂げないことがない。だから、この内侍への仲介者にもどれほどの賄賂を贈っていたのだろうか、とうとう（仲介者は弁内侍を）だまして住吉神社に参詣させた。（師直は）その道中の山陰で、師直の手下の者を、大勢隠しておいて、簡単にこの人を奪い取った。そして、武士たちが大勢輿の周りを囲み、足を速めて行った。内侍はこのようにだまされて捕らわれているとは夢にもおわかりにならないので、「ああ恐ろしいなあ。これはそもそもどのようなことか」と困惑し驚き、涙にくれて倒れ込んでいらっしゃった。

　こうして道中を二里ほども過ぎた頃、楠正行が、吉野の御所から（後村上天皇が）お呼びになるということで、本国の河内から（吉野の）皇居の方へ向かっていたが、幸いにもこの道を通る時に、不審な輿に行き遭った。正行は立ち止まり、従者を使って「これはどのような人がお通りになるのであるか」と尋ねさせたところ、「不都合のないお方である。お忍びの寺詣ででいらっしゃる」など別の人だと称して返答するので、正行も不審だとはいえ「そうであるのだろう」と思ってすれ違おうとする時に、輿の中の人が泣き叫ぶ声が聞こえたので、ますます不審に思って輿の（簾の）隙間から覗いて見たところ、弁内侍である。「それではこの人をだまして連れ出しているのであろう」と穏やかでなく思われ、無理矢理その輿を奪い返し、「おまえたちは何者であるから、このようにはするのか。ありのままに白状せよ」と言う間はまだしも、太刀を抜き、切って回るので、敵もしばらくは抗戦したけれども、とうとう追い散らされ、行方もわからずいなくなった。

　正行は、そのまま内侍を引き連れ吉野の御所へ参上して、こうと天皇に申し上げたところ、天皇は、この上なくお喜びになり、すぐにこの弁内侍を正行にお与えになるつもりだということで、天皇の仰せが度重なる。正行はこのことへの御承諾については何とも申し上げずに、一首の歌を献上した。

　どうにもこうにもこの世で長生きするはずもない私が、かりそめの夫婦の契りをどうして結ぶことができるだろうか、いや、できない。

と申し上げて、とうとう辞退し申し上げた。その後間もなく、正行は、河内国四条畷で大軍の敵とも対戦し、比類ない働きをして天皇のために討ち死にしたことによって、（人々は）初めてこの歌の意味を考え合わせずにいられなくて、たいそうしみじみ心打たれることだと皆で申しました。

問5　【資料】『太平記』

　正行は、頭を地につけて、あれこれの天皇のお言葉への返事もできない。ただこれを最後の天皇へのお目見えであると、心を決めて退出する。正行・正時・和田新発意・舎弟新兵衛・同紀六左衛門の子息二人・野田四郎の子息二人・楠将監・西河の子息・関地良円以下、今回の合戦で一足も引かず、同じ場所で討ち死にしようと約束していた武士百四十三人が、先帝のお墓に参拝して、今回の合戦（で勝利を収めること）が難しいならば、討ち死にし申し上げるつもりだという別れの挨拶を申し上げて、如意輪堂の壁板にそれぞれ姓名を過去帳として書き連ねて、その奥に、

（生きて）戻るつもりはないと以前から思っているので、武士として死んだ者の数に入る名を留める。

と一首の歌を書き留め、死後の冥福を祈る仏事（に代わるもの）のためと思われる様子で、それぞれ鬢髪を切って仏堂に投げ入れ、その日、吉野を出て、敵陣へと向かった。

解説

問1

(ア)　正解＝②

「かしこし」は、**崇高なものを恐れ多く感じる意がもとで、性質や能力がすばらしい様子や、度合いの強調を表す意でも用いられるようになった形容詞**である。

> 意味や訳し方が一つとは限らない形容詞や形容動詞などは、文章の中で何のどのような様子を表しているのかを考えて解釈する必要がある。

ここでは、日野俊基が後醍醐天皇のために身を滅ぼしたことについて、後醍醐天皇が「いとかしこく」思ったという文脈なので、「殊勝だ・けなげだ」という解釈が当てはまる。

(イ)　正解＝④

「参らせ」の解釈がポイント。「参らす」は、「行く」の謙譲語「参る」＋使役の助動詞「す」で「参上させる」の意と、「与ふ」の謙譲語「参らす」で「差し上げる」の意の二通りの可能性がある。ここでは、「領地など」を「参らせ」と言っているので、「与ふ」の謙譲語として「差し上げる」と解釈するのが適切。「侍るべし」は、丁寧語補助動詞「侍り」＋意志の助動詞「べし」で、すべての選択肢で「ましょう」と正しく解釈されている。

(ウ)　**正解＝⑤**

「あしらふ」(「あへしらふ」「あひしらふ」とも)は、「対応する・取りなす」という意味を表す動詞。ここでは、「(正行が師直の手下の者たちに対して)太刀を抜き、切ってまはれば、敵もしばらくはあしらひしかども」という文脈なので、相手からの攻撃に対応するという意味で、「抗戦する」と解釈する。「しか」は過去の助動詞「き」の已然形、「ども」は逆接を表す接続助詞で、すべての選択肢で「たけれども」と正しく解釈されている。

問2　正解＝③

本文に傍線を付さない形で、文章や段落などについての内容理解を求める問題。

このタイプの問題は、読み取るべき内容が本文のどこに書かれているかを適切に見出し、選択肢と照らし合わせて吟味していく、という手順で対応する。

実質的には、該当部分についての内容合致問題と考えればよい。

①　「日野俊基は」「自分の身代わりとなって…忠義を尽くしてほしいと」「弁内侍に伝えていた」が間違い。[1]段落3行目の「『せめてそれが形見』などねんごろに仰せ下されける」は、後醍醐天皇が、弁内侍のことを日野俊基の身代わりのように思い、手厚く言葉をかけて大切にしていたということである。

②　「師直は」「弁内侍の美しい容貌を見て一目惚れし」と、「一緒に住吉詣でをする」が間違い。[2]段落1行目に「伝へ聞き」とあるように、師直は弁内侍の姿を見たのではなく、人から伝え聞いて恋に落ちたのである。また、[2]段落3行目に「住吉詣でに事よせ、密かにこの内侍をたばかり出だし」とあるように、師直は弁内侍が住吉詣でに行くように仕向けて誘拐しようと計画したのであり、一緒に住吉詣でをしようとしたのではない。

③　[2]段落5～6行目の「この内侍への仲立ちにもいかばかりの賄をかしたりけむ、つひにたばかりて住吉へ詣でさせけり」に合致しているので、これが正解。

④　「師直の手下の者たち」の行動として、全体が間違い。[2]段落6～7行目に「その道すがらの山陰に、…奪い取りたり。さて、…行きける」とあるように、師直の指示で山陰に隠れていた手下の者は、弁内侍の輿を手中にし、輿を取り囲んで進んで行ったのである。

⑤　「弁内侍は」「助けを求めて師直にすがりついた」が間違い。[2]段落7～8行目に「内侍は…うつぶし給へり」とあるように、弁内侍はわけもわからず動転し、輿の中で涙にくれて倒れ込んでいただけである。また、師直は弁内侍の誘拐を手下に行わせたのであり、その場にはいなかった。

問3　正解＝②

傍線部の語句や表現に関する問題。

このタイプの問題は、選択肢に示されている文法的説明について、接続・活用・助動詞や助詞の用法・敬語の種類といった文法の基本項目に照らして正否を見極めることが第一である。語句の意味や内容の説明については、何のどのような様子を述べたものかということを、文脈に応じて適切に判断しよう。

① 「『や』は反語の用法」が間違い。この部分は正行の言葉で、後に「問は」とあり、相手に尋ねて言ったものだとわかるので、「や」は疑問の用法である。

② 「問はせければ」の「せ」は使役の助動詞「す」の連用形で、正行が自分の従者に事情を尋ねさせたという説明も正しいので、これが正解。

③ 「痛めつけられている」が間違い。「『苦しからぬ御方』の『ぬ』は打消の用法」（助動詞「ず」の連体形）という説明は正しいが、ここでの「苦し」は「不都合だ・差し支えがある」という意味で、輿に乗っている人が痛めつけられて苦しむ様子ではない。「苦しからぬ御方」は「不都合だとして咎め立てするほどでもないお方」という意味である。

④ 「住吉神社の神への敬意を表している」が間違い。この部分は師直の手下の者たちが正行に答えた言葉で、「忍びの物詣でまします」は、「（この輿に乗っているお方が）人目を避けて参詣なさることがおありになる」ということ。尊敬語「まします」は輿に乗っている人への敬意を表している。

⑤ 「主君である師直の名を偽って」が間違い。「偽り名をとなへて」は、師直の手下の者たちが、輿に乗っているのが弁内侍であることを正行に気付かれないように、「苦しからぬ御方」の「忍びの物詣で」であると偽って答えたということである。

問4　正解＝④

① 「粗末な輿」と「幸運に思った」が間違い。3段落2行目の「あやしき輿」の「あやし」は、ここでは「不審だ」という意味である。正行は、大勢の武士たちが取り囲んで進んで行く輿を見て不審に思い、乗っているのは誰かと尋ねたのである。

② 「正行が自分の窮状に気付いてくれることを期待して、わざと」が間違い。3段落4行目に「輿の内の人泣き叫ぶ」とあるが、輿に乗っていた弁内侍が、通りかかった人が輿を不審に思って咎め立てしたことに気付いていたかどうかは本文に記述はなく、その人が正行だと認識していたとも考えられない。2段落末尾に「心惑ひ肝つぶれ、涙にくれつつうつぶし給へり」とあるのと同様に、恐ろしさに動転して泣き叫んでいたのである。

③ 「師直の手下の者たちは」「正行の言葉を遮って太刀を

抜き、正行に襲いかかった」が間違い。③段落6行目の「…」と言ふほどこそあれ、太刀を抜き、切つてまはれば」の主語は正行である。

④ ③段落後半の「その輿を奪ひ返し、」から④段落初めの「正行、やがて内侍を引き連れ吉野殿へ参りて、かくと奏しければ」に合致しているので、これが正解。

⑤「和歌を詠むように命じた」が間違い。後村上天皇は、正行に和歌を詠めと命じてはいない。④段落2行目に「正行この御請けをば何とも申さずして、一首の和歌を捧げたり」とあるように、Xの和歌は、正行が、後村上天皇からの勅定への返答に代えて自ら詠んだものである。

問5　本文に関連する別の文章が挙げられ、本文との対応や対比について考察させる問題。

このタイプの問題は、本文に加え、新たに提示される古文の読み取りも求められるので、時間配分にも注意が必要である。選択肢は、解釈問題や説明問題と同じように内容を見極めて冷静に対処しよう。

(i)　**正解＝③**

和歌X「とても世にながらふべくもあらぬ身の仮の契りをいかで結ばむ」は、正行が、弁内侍を与えようという後村上天皇の仰せを辞退するために詠んだもので、現代語訳は、「どうにもこうにもこの世で長生きするはずもない私が、かりそめの夫婦の契りをどうして結ぶことができるだろうか、いや、できない。」である。「世にながらふべくもあらぬ身」は、自分は戦いで討ち死にするつもりなので、どうあっても長生きするはずもないということ。「契り」は夫婦の契りのことで、「仮の契り」を「結ぶ」とは、はかない現世で弁内侍を妻とすることを言ったものである。「いかで～む」は、「どうして～ことができるだろうか、いや、～ない」という意味で反語を表し、「仮の契りをいかで結ばむ」は、要するに、弁内侍を妻にすることはできないということである。以上の内容をふまえた解釈として、③が正解。

(ii)　**正解＝④**

【資料】として示された『太平記』の文章は、正行が、後村上天皇への謁見と後醍醐天皇の墓参をすませ、他の武将たちとともに各自の名を寺の壁板に記してから四条畷の戦いに赴こうとする様子を描いた部分で、和歌Y「かへらじとかねて思へば梓弓なき数にいる名をぞとどむる」の現代語訳は、「(生きて)戻るつもりはないと以前から思っているので、武士として死んだ者の数に入る名を留める。」である。

本文の④段落の最後の文「その後ほどなく、正行、河内国四条畷にて大軍の敵にも見合ひ、比類なきはたらきして君のために討ち死にしけるにぞ、はじめてこの歌の心を思ひあはせられて、いとあはれに申しあはれける。」によると、四条畷の戦いがあったのは正行が和歌**X**を詠んで弁内侍の下賜を辞退して間もなくのことで、そこで正行が討ち死にしたことによって、世間の人々も和歌**X**の内容と実際の正行の運命が合致していたことを思い合わせて心打たれたということである。

①「天皇に取り入るために弁内侍を救ったと世間の人々に誤解されたことを恥じ」も「取り返しのつかないことをしてしまったという自嘲」も間違い。和歌**Y**の「かへらじ」は、「生きて戻るつもりはない」という決意を詠んだものである。

②「弁内侍を妻にしたいと後村上天皇に不躾(ぶしつけ)にも申し出た」も「実は以前から弁内侍に密かな恋心を抱いていたからだという弁明」も間違い。和歌**Y**の「かねて思へば」は、合戦で討ち死にする覚悟を以前からしているという意味である。

③「後村上天皇の勅定に素直に従わなかったことを深く反省し」も「今後は微力ながら天皇に忠誠を尽くそうという意気込み」も間違い。和歌**Y**の「梓弓なき数にいる」の「梓弓」は、弓を「射る」という意味での「いる」を導く枕詞で、弓は武士が持つ代表的な武器であることから、ここでは武士そのものを象徴的に意味してもいる。「なき数にいる」というつながりで見ると、「いる」は「入る」の意味で、「亡くなった者の数に入る」、つまり、合戦で討ち死にした武士の一員に自分も加わるということである。

④「有事の際には命を捨てて戦う覚悟をしていた」は、本文4段落の和歌**X**の上の句の内容に合致している。和歌**Y**の「名」は、「梓弓なき数にいる名」というまとまりで、③で説明したように、討ち死にした武士の一員に加わる名を意味している。「名をぞとどむる」とは、立派な武士としての名を残すということで、その説明も適切である。これが正解。

たいせつなひと

『太平記』などによれば、正行が弁内侍を救ったことをきっかけに二人は互いに好意を抱き、密かに思いを寄せ合っていたとされています。正行への恋心を詠んだ弁内侍の

思ふこと言はで心のうちにのみつもる月日を知る人のなき

（思うことを言わずに心の中にだけ積もる月日を知る人がいない。）

という歌が後村上天皇の知るところとなり、正行に弁内侍を下賜するとの意向が伝えられたのですが、正行は「武士として死ぬことを覚悟している自分が妻を持つことはできない」と詠んで断り、四条畷（しじょうなわて）の合戦で討ち死にすることになります。正行が亡くなったことを知った弁内侍は、悲しみのあまり、

大君に仕へまつるも今日よりは心に染むる墨染めの袖

（帝にお仕え申し上げる私も、今日からは心に染める墨染めの袖。〈＝愛する人を思って出家する。〉）

と詠んで出家し、自分の髪と正行の遺髪を一緒に埋めて塚を立て、正行を供養し続けて生涯を終えたということです。

『平家物語』や『太平記』をはじめとする軍記物語には、合戦に伴う辛い別れや悲恋の逸話も多く交えられています。勇猛な武士も、大切に思い合う人と深く心を通わせ、切実な思いを秘めていたことを伝える話の数々には、現代の私たちもしみじみ心打たれるものです。

第2問 『雨やどり』

解答

設問	配点	解答番号	正解	自己採点欄
1	各4点	1	①	
		2	④	
		3	②	
2	5点	4	④	
3	7点	5	③	
4	7点	6	④	
5	各7点	7	②	
		8	①	
合計				／45点

訳例

昔の扇と見比べなさると、まったく違わないので、「あの夜の夢（のような契り）の後は、忘れる時がなくもの思いにふけって夜を明かしております心の乱れが、どうしようもなくなどと思う気持ちの果てに、この扇を見て（あの姫君があなただと）明らかにいたしますので」などとお書きになって、あの夜の扇に先頃の（宮中で見つけた）扇を取り添え、御衣装を立派に整えなさって、御匣殿（みくしげどの）の御局（つぼね）を叩きなさると、「おかしなこと、誰であるのだろう」と童（わらわ）をせき立てて外に出して見させなさると、（中納言は）「これを差し上げて下さい」と言って、御懐（ふところ）から手紙を取り出し、童に預けなさる。持って参上したので、（御匣殿〔＝姫君〕は）何の手紙かと手に取って御覧になると、昔の扇に先頃見つけた扇を取り添えて、その上に、忘れ形見として書きとどめた筆跡を見る度に袖（そで）が涙で濡れたことだなあ。

出典

『雨やどり（あまやどり）』 鎌倉時代の擬古物語　作者 未詳

母親が亡くなり、父親には顧みられていない姫君が、長谷寺参詣の際の雨宿りをきっかけに中納言とめぐりあうところから始まる話。擬古物語とは、平安時代の物語を模倣して、鎌倉、室町時代に作られた物語のこと。『源氏物語』の模倣が著しく、独創性に乏しいともいわれるが、新時代の価値観が加えられるなどの創意工夫も見られる。

『古今和歌集（こきんわかしゅう）』 平安時代前期の和歌集　撰者 紀貫之（きのつらゆき）他

最初の勅撰（ちょくせん）和歌集。醍醐（だいご）天皇の勅命によって、紀貫之、紀友則（きのとものり）、凡河内躬恒（おおしこうちのみつね）、壬生忠岑（みぶのただみね）が撰者として編集にあたった。成立は九〇五年。巻頭に貫之の「仮名序（かなじょ）」、巻尾に紀淑望（きのよしもち）の「真名序（まなじょ）」を置き、約一一〇〇首を、四季、恋以下一三部に分類して収める。七五調、三句切れを主とし、縁語、掛詞など修辞的技巧が目立つ。優美繊細で理知的な歌風は、組織的な構成とともに後世に大きな影響を与えた。

これを御覧になるにつけても涙があふれそうな気持ちがして、しみじみ感慨深くも不思議にもお思いになったけれども、（事情を）知っている人といっては乳母（めのと）だけである。それ以外の女房たちはまったく知らない人々であるから、いかにも待っているような顔であるようなのも気が引けて、「もしかすると人違いであろうか」と言って、扇だけを（手許に）とどめて手紙をお返しになる。童は引き返して中納言殿を探し求め申し上げたけれども、姿がお見えにならない。このことを童が申し上げている時に、女房たちが（こちらに）参上する様子であるから何でもないように振る舞って、そっとお隠しになった。御乳母が聞いて、気の毒にも感慨深くも感じられて、「もう知っておしまいになったのだろう。これも神仏の御はからいであるから、何かわけがあるのだろう」と期待していました。

こうして手紙が毎日ひっきりになしに届いては、（中納言は）御自身もいつも（あたりを）さまよい歩きなさる。乳母を呼び出してお話しになる。「あの夜の夢（のような契り）の後は、御行方（ゆくえ）をさえ知らないで思い嘆いた心の中を、何かのせいにする方法もないままに、朝夕神仏にばかり祈り申し上げる霊験であろうか、思いがけず（神仏が私の願いを）お受け取りになったので、うれしさも言葉では言い尽くせない気持ちがして」などと、涙ながらに語りなさるので、乳母は、なるほどと思い、むやみに（涙を流して）袖を絞った。「ただ、ほんの少し人伝てでなくて（直接に）この年月のことを申し上げたくて」と一途におっしゃるので、乳母が参上してこのことを申し上げる。「さあねえ、昔、思いがけなかったことさえ悔やまれて悲しいですから、また再びはどうか。人聞きも悪い。我が身にとっても格別に残念に違いない」などと頑固におっしゃるので、申し上げようもなく苦労して時が過ぎるうちに、中納言が、「このようにばかり申し上げるとしても、甲斐がないままではどうしようもない。ただ、ほんの少し申し上げなければならないことがあるので、いらっしゃる所へ案内して下さい」とおっしゃるので、乳母は、たしかに初めてそうなった御事でもおありでないから、いかにもそうであろうと思って、静かな夜に、世間話を申し上げて、実家へ帰る折に、中納言の御袖を引っ張って（姫君の部屋の中に）押し込み申し上げて逃げてしまいました。

問5

すくいあげる手の（間からしたたり落ちる）雫がいっそう染めてしまっているのだろうか。今朝の袂を乾かすのに難儀している。

お返事をどうしようかとためらいなさるけれども、乳母が「初めての御事のように（お書きになるのがよい）」と申し上げるので、人目を避けてお書きになる。

山の水が澄まないままで長い時間になったので、水を汲んでもどうして袖が濡れるはずか、いや濡れるはずがない。

（あなたが通ってくることのないままで長い時間になったので、どうして涙が流れるはずか、いや流れるはずがない。）その後は夜ごとに通いなさるので、自然と隠すけれど誰もが人々は漏れ聞いても、初めての御事でもないので、たいそう良いことであると互いに申し上げた。

（『古今和歌集』の和歌）
すくいあげる手の（間からしたたり落ちる）雫で濁る山の井戸（で満足に水を飲むことができないこと）のように満足しないであなたと別れてしまったことだなあ。

解説

問1

(ア) **正解＝①**

第1問でも学習した謙譲語「参らす」に、尊敬の補助動詞「給ふ」の命令形が接続した形。謙譲語「参らす」は、「差し上げる」の意味。**尊敬語を含む命令表現は、「～下さい」などと訳す。**「参らせ」を、謙譲語「参る」に尊敬の助動詞「す」が接続したものと考えた人もいるかもしれないが、この場面は、手紙が話題になっており、その手紙を姫君に渡してほしいということである。内容で判断しなければならない。

(イ) **正解＝④**

形容動詞「おろかなり」は、「言へばおろかなり」「言ふもおろかなり」などの形で、「言葉では言い尽くせないほどだ・とてもその表現では不十分だ・言うまでもない」の意味を表すが、「言へば」「言ふも」の部分が省略されて、「おろかなり」だけで、「言へばおろかなり」「言ふもおろかなり」と同じ意味になることがある。ここはその使い方である。

(ウ) **正解＝②**

謙譲語「聞こゆ」に、補助動詞「煩(わづら)ふ」の連用形と接続助詞「て」が接続した形。謙譲語「聞こゆ」は「申し上げる」の意味。**補助動詞「煩ふ」は、「～しかねる・～するのに苦しむ」の意味。**

問2　**正解＝④**

二重傍線部の品詞分解は以下の通りである。

一夜（名詞）／の（格助詞）／夢（名詞）／の（格助詞）／後（名詞）／は、（係助詞）／忘るる（動詞・連体）／ひま（名詞）／
なく（形容詞・連用）／思ひ明かし（動詞・連用）／侍る（丁寧・動詞・連体）／心（名詞）／の（格助詞）／闇、（名詞）／
せんかたなく（形容詞・連用）／など（副助詞）／思ふ（動詞・連体）／心末（名詞）／にて、（格助詞）／こ（代名詞）／の（格助詞）／
扇（名詞）／見（動詞・連用）／て（接続助詞）／見あらはし（動詞・連用）／侍る（丁寧・動詞・連体）／に（接続助詞）

まず、この部分の状況を確認しよう。リード文にあるように、宮中で、御匣殿の扇に記された筆跡を見た中納言は、この御匣殿こそが自分の探し求める姫君だと確信した。二重傍線部は、御匣殿に贈るために書いた手紙で、現代語訳は、「あの夜の夢（のような契り）の後は、忘れる時がなくもの思いにふけって夜を明かしております心の乱れが、どうしようもなくなどと思う気持ちの果てに、この扇を見て（あの姫君があなただと）明らかにいたしますので」である。

① 「一夜の」の「の」は、「夢」に係って、連体修飾語を作る働きである。

② 「忘るる」は下二段動詞「忘る」の連体形である。

③ 形容詞「せんかたなく」は、「なすべき方法がない・どうしようもない・どうすべきかわからない」の意味で、中納言が、行方知れずの姫君に対して抱いている思いの晴らしようのなさをいっている。

④ 「侍り」には、謙譲語と丁寧語の用法があるが、ここは、動詞「見あらはす」に付く補助動詞なので、丁寧語。**丁寧語「侍る」は、手紙の中で用いられているので、手紙の書き手から、手紙の読み手に対する敬意を示す**。したがって、中納言の、姫君に対する敬意が示されている。これが正解。

⑤ 中納言が、姫君に対して、あの夏の夜の姫君と御匣殿とが同一人物であるという真実を私は明らかにしましたよ、と伝える意図で書かれた手紙である。

問3 正解＝③

① 来客に気付いた時の姫君の言動が書かれているのは、『あやし、誰なるらん』と童追ひ出だして見させ給へば」の部分。「あやし」は、「不思議だ・不審だ」の意味で、「追ひ出だす」は、「せき立てて外に出す」の意味である。

② 中納言の歌を見た姫君は、「涙もよほす心地」になっているのだから、この手紙が昔、契りを交わした男性からのものだと思い当たっている。「知れる人とては乳母ばかりなり」は、事情を知っているのが乳母だけしかいないということである。

③ 姫君は、中納言からの手紙を見て「あはれにも不思議に」と感慨を催している。しかし、「夢にも知らぬ人々」である女房たちのことを考えると、「つつましくて」と気が引ける気持ちで、宛先違いのふりをしている。これが正解。

④ ③と同じ場面であるが、宛先違いのふりをした時には、側には童がいるだけで、女房たちはいない。この後に「人々参る気色」がして、他の女房たちがやって来ると気づいたのであり、女房たちの前で「人違いだ」と言ったのではない。また「扇と手紙を隠した」も間違い。

⑤ 姫君は、中納言からの手紙と扇に心を動かされたが、平静を装うために、扇だけを手許に残し、手紙を返してくるようにと童に命じた。「手紙の主の行方を探させた」わけではない。また、1段落10行目に「御乳母聞きて」とあるが、

乳母は、手紙の差出人を探してくれという依頼を聞いたのではない。

問4　正解＝④

①「乳母に対しても仲介を頼む手紙を書き続けた」が間違い。中納言は、乳母に手紙を書いたのではなく、「呼び出して語ら」って仲介を頼んだ。

②「神仏に祈ったがその甲斐もなかった」が間違い。本文には「朝夕神仏にのみ祈り申すしるしにや、思ひかけず受け給ひぬれば」とあり、「神仏に祈った霊験で、思いがけず願いがかなった」ということをいっている。

③「このままでは昔のように後悔することになってしまう」が間違い。本文の「昔、思ひかけざりしことだにくやしく悲しく侍るに」は、昔の逢瀬を悔やむ姫君の言葉。

④「人づてならで年月のことを申し聞こえたくて」に合致する。中納言は、姫君を探し続けていた年月のことを、直接、姫君に話したいと考えていた。これが正解。

⑤　全体的に間違い。中納言が「（姫君の）おはする所へみちびき給へ」と頼んだところ、乳母が自分の考えで、「里へ出でざまに（＝実家に帰る折に）」、中納言を姫君の部屋に押し入れた。いつどうしてくれという細かな行動計画を、中納言が指示して頼んだわけではない。

問5

(i)　**正解＝②**

男女が共寝をした翌朝を「後朝（きぬぎぬ）」といい、自邸に帰宅した男性は、女性に和歌を贈るのがならわしである。後朝の和歌は、帰宅後なるべく早い時間に贈るのが愛情深いとされる。

中納言の「むすぶ手の」の和歌は、『古今和歌集』の「山の井の」の歌をふまえて詠まれている。中納言の和歌の現代語訳は、「すくいあげる手の（間からしたたり落ちる）雫（しずく）がいっそう染めてしまっているのだろうか。今朝の袂を乾かすのに難儀している。」である。「袂（たもと）を乾かすのに難儀している」というのは、「袂が涙で濡れている」ということをいっている。『古今和歌集』の「むすぶ手の」の和歌の現代語訳は、「すくいあげる手の（間からしたたり落ちる）雫で濁る山の井戸（で満足に水を飲むことができないこと）のように、満足しないであなたと別れてしまったことだなあ。」である。中納言の和歌は、『古今和歌集』の「満足しないであなたと別れてしまった」という心情をふまえて、その不満足な思いのために、「袂が涙で濡れて乾かすのに難儀している」と詠んでいるのである。

①と③と④には、『古今和歌集』の「満足しないで別れた」の部分の反映がなく、また、①と③には、「袂が涙で濡れて乾かすのに難儀している」にあたる部分もない。

②　選択肢前半の「名残惜しいままであなたの邸（やしき）を出てきた」は、「満足しないで別れた」と同じ意味である。選択肢

後半は、「袂が涙で濡れて乾かすのに難儀している」の内容に相当する。これが正解。

(ii) **正解＝①**

和歌のやりとりを「和歌の贈答」「贈答歌」という。贈られた歌に対する返歌は、多くの場合は、元の歌の言葉や発想に対応して詠まれる。

ここでも、「袂・袖」や、「山の井」から発想された言葉がやりとりされている。

姫君の和歌の現代語訳は、「山の水が澄まないままで長い時間になったので、水を汲んでもどうして袖が濡れるはずか、いや濡れるはずがない。」である。表面上は、山の水の話であるが、本当に言いたいことは、別にある。教師の言葉にあるように、この和歌には、掛詞が用いられており、「すみ」に、水が「澄む」の意味と、「夫として通う」という意味の「住む」が掛けられている。男女の仲に着目して、この歌の意味を考えると、「あなたが通ってくることのないままで長い時間になったので、どうして涙が流れるはずか、いや流れるはずがない。」という意味になる。中納言が「あなたを思って、袂が乾かないほど涙が流れる」と詠んだのに対し、姫君は「長い間、私と逢うこともなかった袖は濡れない、つまりあなたが私を思って涙を流すはずがない」と返している。熱烈な中納言の歌に対して、ずいぶん冷たい返歌だと感じる人もいるだろう。当時は恋が始まったばかりの頃の和歌の贈答では、男性の歌に対する女性の返歌は、揚げ足を取ったり、皮肉を込めたりと素直に愛情を詠まないのが常であった。そのような内容であるからといって、男性を嫌っているわけではない。返歌を詠んで、和歌の贈答をするというのは、男性の愛情に応えていることになる。中納言と姫君は、昔に契りを交わしているのだから、本当は恋の初めではないのだが、乳母に「初めての御事のように（お書きになるのがよい）」と返歌についてアドバイスされたように、姫君は恋の初めの頃のような冷淡な態度を装った返事をしているのである。①が正解。

第3問 『菅笠日記』『枕草子』

解答

設問	配点	解答番号	正解	自己採点欄
1	4点	1	④	
	4点	2	③	
	4点	3	④	
2	5点	4	④	
3	7点	5	④	
4	7点	6	②	
	7点	7	①	
	7点	8	②	
合計			／45点	

出典

『菅笠日記（すがさにっき）』 江戸時代中期の紀行文 作者 本居宣長（もとおりのりなが）

本居宣長が、一七七二年に現在の奈良県にある吉野、飛鳥（あすか）を旅した時の日記。その後、吉野や飛鳥を巡る人々のガイドブックとしてもよく読まれた。宣長の著述としては他に『源氏物語玉小櫛（たまのおぐし）』『玉勝間（たまかつま）』などが重要である。

『枕草子（まくらのそうし）』 平安時代中期の随筆 作者 清少納言（せいしょうなごん）

作者が一条天皇の中宮定子に女房として仕えていた頃の宮仕えの体験などを、類聚（るいじゅう）的章段、日記回想的章段、随想的章段など性格の違う章段約三〇〇段に記したもの。人生や自然、外界の事物の断面を鋭敏な感覚で描く。作者の人間性のあらわれた才気縦横の明るい世界は、王朝文化の頂点を形成し、後世に多大な影響を与えた。

訳例

【文章Ⅰ】

さらに山の険しい道をどんどん進んで行って長谷寺（はせでら）が近くなったところ、正面の山の間から葛城（かずらき）山や畝傍（うねび）山などが遠くに見えはじめた。よその国とはいえ、このような名所はいつも書物でも見慣れ、歌にも詠み慣れているので、故郷の人などが来合わせているような気持ちがしてたちどころに慕わしく思われる。けわい坂といって急な坂を少し下（くだ）る。この坂道から長谷寺も初瀬の里も目の前近くにはっきりと視界が開けている景色は、言いようもないほどすばらしい。総じてここまでの道は深い山に囲まれた所で、これといった見所もなかったが、それはもう立派な僧坊やお寺の建物が建ち並んでいるのを急に見付けたのは、別世界に来ているかのような気持ちがする。与喜（よき）の天神と申し上げる御社（みやしろ）の前に下り着いて、そこに板の橋が渡してある流れが初瀬川であったことだよ。正面はすぐに初瀬の里であるので、旅人を泊める家に立ち寄って物を食べたりして休憩する。後方は川の岸辺に片寄せて作ってある建物であるので、波の音がすぐ床の下で鳴り響いている。

初瀬川は昔から速く流れ続けてきて、評判が広くとどろき、流れのあちらこちらの岩で波音が高く上がることだよ。

そして本堂に参詣しようということで出発する。まず門を入って呉橋を上ろうとする所に、誰のことかは分からないけれども道明の塔というものが右の方にある。いくらか上って鋭角に曲がっている所に貫之の軒端の梅というものもある。また蔵王堂・産霊の神の祠などが並んで建っている。ここから上を雲居坂と言うとかいうことだ。こうして本堂に到着したところ、ちょうど御帳を上げている時で、たいそう大きな本尊が輝かしい様子で姿をお見せになっているのを、他の人も拝むので私も伏し拝む。そしてあちらこちらを見て回ると、この山の桜の花は、だいたいの盛りはいくらか過ぎてしまっているけれども、まだ花盛りである所もあちらこちらに多くあったことだよ。巳の時（＝午前十時頃）だといって法螺貝を吹き鐘を撞く音が聞こえる。昔清少納言が参詣した時も、急にこの法螺貝を吹き始めたので驚いたということを書き残しているのを、ふと思い出して、その当時の様子をも見るようである。鐘はそのまま本堂の横、今上ってきた呉橋の上にある楼に掛かっていたことだよ。

評判も高く、以前から（噂で）ずっと聞いていた長谷寺の鐘の音を、今（実際に）聞くことだなあ。

古い歌などにも多く詠んだ昔と同じ鐘であろうかとたいそう慕わしい。このような場所柄、どういうことのないものでも見聞きするにつけて気に掛かるのは、すべて昔を慕う性質である（からだ）よ。

まだその辺りで立ち止まったり歩き回ったりするうちに、本堂の方で当世風でない典雅な楽器の音が聞こえる。「あれはどのようなことをするのであろうか」と道案内する男に尋ねると、「この寺をお開きになった上人の御忌月で近頃千部の読経がございますが、その毎日の勤行の最初に演奏します雅楽の音である」と言うので、たいそう聞きたくて急いで参上するが、まだ到着しないうちにもう音が止んでしまったのは物足りず残念だ。再び本堂の中を通って、例の貫之の梅の前から片方へ少し下って、学問をする高僧たちの草庵の横に、二本の杉の跡だということで小さい杉がある。また少し下って定家の中納言の塔であるという五輪の石が建っている。最近の様子の物でまったく信用できない。八塩の岡という所もある。さらに下って川辺に出て、橋を渡ってあちら側の岸辺に玉鬘の君の跡だということで庵がある。墓もあるとのことだけれども、今日は主人の尼が、どこかへ出掛けていない時であるので門は閉じてある。総じてこの初瀬にはその跡だあの跡だということでたくさんあるのは、すべて真実味がない中でも、この玉鬘は実に実に滑稽だ。あの『源氏物語』はすべて作り事だとも分からずに、実在したような人だと思って、このような場所をも作り出しているのであろうか。このいくらか奥まった所に、家隆の二位の塔だということで石が十三重なっているものがある。こちらはいくらか古く見える。そこに大きな杉で二股に分かれている木も立っている。また牛頭天王の社や、そのそばに苔の下水というものもある。ここまではすべて山の片側で、川に近い場所である。

【文章Ⅱ】

数日間参籠している時に、昼は少しのんびりと、はじめのうちはしていた。法師の僧坊に、男たちや、女や、召使いの子供などが、皆出かけて手持ちぶさたである時も、すぐそばで法螺貝を急に吹き出したのはたいそうびっくりせずにいられない。美しい立文などを持たせた男が、誦経の供え物を置いて、寺の童子などを呼ぶ声が、山彦になって響き合って際立って聞こえる。鐘の音がいっそう響いて、「どこの（人のための祈禱）であろうか」と思う時に、高貴なお方の所の名を言って、「お産が無事に」などといかにもそれらしく申しているのなどは、むしょうに「（お産は）どうであろうか」などと心配で祈らずにいられないよ。

（注）の和歌

5　人は、さあ、心の中もわからない。（それに対して、）昔なじみの土地では（梅の）花は昔のままの香りを漂わせて咲いたなあ。

7　年も経てしまった。願う恋の成就はかなわずに終わり、初瀬山の峰の鐘が遠くで私とは無縁に響く夕暮れ。

8　初瀬川の古くからある川のほとりに二本ある杉。年を経てからももう一度会おう。二本ある杉よ。

12　岩と岩の間をふさいだ氷も（立春の）今朝は溶けはじめて、苔の下にたまった水が（流れ出る）道を探し求めているだろう。

解説

問1

(ア)　**正解＝④**

「をりしも」は、「時」という意味の名詞「をり（折）」に、強調を表す副助詞「し」＋強調や並立などを表す係助詞「も」（強調を表す副助詞「しも」）が付いたもので、「ちょうどその時・折も折」という意味を表す。ここでは、筆者が長谷寺の本堂に到着した時にぴったり合わせるかのように「御帳（仏の前に掲げている布地）」が上がって本尊が見えたということを表すために、「をりしも（ちょうどその時）」が用いられている。

(イ)　**正解＝③**

「しるべ（標・導・知る辺）」は、「導き・案内」という意味で、「しるべする男」は、長谷寺の周囲を歩いていた筆者を「道案内する男」のことである。

(ウ)　**正解＝④**

「いづこのならむ」は、名詞「いづこ」＋準体格の格助詞「の」＋断定の助動詞「なり」の未然形「なら」＋推量の助動詞「む」の連体形「む」という構成で、逐語訳は「どこのものであるだろうか」となる。**格助詞「の」の準体格の用法は、「〜のもの」「〜のこと」などの体言の代わりに用いられるもので、具体的に何を表すのかは文脈による。**傍線部(ウ)は、法螺貝の音と、寺の童子を呼ぶ男の声とが響き合い、鐘の音もいっそう大きく聞こえてきて、祈禱が始まったと思われる中での筆者の心内文である。その後の「やんごとなき所の名うちいひて、『御産(ごさん)たひらかに』などげんげんしげに申したる」は、その祈禱が高貴な家の人のためのもので、そこでのお産が無事であるように祈願しているということなので、心内文の「いづこのならむ」は、「(今始まったのは)どこの人のための祈禱なのだろうか」と疑問に思う気持ちであると判断できる。

問２　正解＝④

① **a**「あへらん」は、ハ行四段活用の動詞「あふ」の已然形(命令形とする説もある)「あへ」＋存続・完了の助動詞「り」の未然形「ら」＋婉曲の助動詞「ん(む)」の連体形という構成で、「会っているような」と訳す。この「らん」は、終止形に接続する現在推量の助動詞「らん(らむ)」ではない。

② **b**「わたせる」は、サ行四段活用の動詞「わたす」の已然形(命令形とする説もある)「わたせ」＋存続の助動詞「り」の連体形「る」という構成で、「渡してある」と訳す。この「る」は、未然形に接続する可能の助動詞「る」ではない。

③ **c**「過ぎにたれど」は、ガ行上二段活用の動詞「過ぐ」の連用形「過ぎ」＋完了の助動詞「ぬ」の連用形「に」＋存続・完了の助動詞「たり」の已然形「たれ」＋逆接確定条件の接続助詞「ど」という構成で、「過ぎてしまっているけれども」と訳す。この「に」は、体言や連体形などに接続する断定の助動詞「なり」ではない。

④ **d**「思ひ出でられて」は、ダ行下二段活用の動詞「思ひ出づ」の未然形「思ひ出で」＋自発の助動詞「らる」の連用形「られ」＋単純接続の接続助詞「て」という構成で、「ふと思い出して」のように訳す。助動詞「らる」について正しく説明したこれが正解。

⑤ **e**「くせなりかし」は、名詞「くせ」＋断定の助動詞「なり」の終止形「なり」＋念押しの終助詞「かし」という構成で、「癖であるよ」と訳す。この「なり」は動詞「なる」(「成る」)ではなく、終助詞「かし」の用法は疑問ではない。

問３　正解＝④

① ２〜３行目の「うちつけにむつましくおぼゆ」は、「たちどころに慕わしく思われる」という意味である。その前に書かれている内容もふまえると、長谷寺に近付き、葛城山や畝傍山なども見えはじめて、普段から書物で読んだり和歌に詠んだりして馴染んでいる筆者は、それらの名所を実際に目にしたとたんに、故郷の人に会っているかのような気持ちがして親しみを感じたということである。本文２行目の「かか

る名所は……詠みなれてしあれば」にあたる説明は正しいが、「古代からの伝統を守り続けてきた地元の人々の努力は賞賛に値する」という説明は間違っている。

② 5行目の「あらぬ世界に来たらん心地す」は、「別世界に来ているような気持ちがする」という意味である。その前に書かれている内容もふまえると、長谷寺が目の前にはっきりと見える景色は言いようもないほどすばらしく、長谷寺までの道はたいした見所もなかったが、立派な僧坊や寺の建物が急に出現すると、別世界に来たように感じたということである。本文3～4行目の「初瀬の寺も里も目の前にちかくあざあざと見わたされたる」と「あらぬ世界に来たらん心地す」自体の説明は正しいが、「それまでに見てきた数々の珍しい光景」という説明は、本文4行目の「おほかたここまでの道は山懐にて、ことなる見るめもなかりし」に反している。

③ 22行目の「あかずくちをしけれ」は、「物足りず残念だ」という意味である。その前に書かれている内容もふまえると、千部の読経の前に演奏するという雅楽が聞きたくて急いで本堂に行ったのに、到着しないうちにその音が止んだので、物足りず残念に感じたということである。本文21行目の「はやく声やみぬる」は、散策中に聞こえてきた雅楽の演奏が終わってしまったということなので、「読経も雅楽も結局行われなかった」という説明は間違っている。

④ 26行目の「いともいともをかしけれ」は、「実に実に滑稽だ」という意味で、その前後に書かれている内容もふまえると、玉鬘の旧跡だという庵があり、墓もあるとのことだが、それらは、架空の物語である『源氏物語』の登場人物が実在したかのように思い込んで作られたもので、実に滑稽に感じられるということである。これが正解。

問4

本文の内容について解説した文章が示され、空欄に入る適切な文章を選ばせる問題は、解説の文章が答えるべき内容を導くものとなっている。それをふまえ、本文のどの部分についてのどのような理解が求められているのかを読み取った上で、該当部分の内容と選択肢との整合性を吟味する。

(i) **正解＝②**

「鐘」について、**【文章Ⅱ】**では、法螺貝の音や祈禱に訪れた男の声などが聞こえる中でいっそう大きく響いたと書かれているのみで、どこにあったのかは書かれていない。本文の**【文章Ⅰ】**では、まず、13行目に「巳(み)の時とて貝ふき鐘つくなり」と書かれている。これは、筆者本居宣長が「ここかしこ見めぐる」時のことで、法螺貝や鐘を直接見たのではなく、音が聞こえたものと思われるので、「鐘つくなり」の「なり」は伝聞・推定の助動詞「なり」の推定の用法である。さらに、

15行目に「鐘はやがて御堂のかたはら、今のぼり来し呉橋の上なる楼になんかかれりける」とあり、鐘が掛かっていたのは、本堂のそばの、先ほど筆者が上ってきた呉橋の上にある建物であったとされている。「やがて」は「そのまま」という意味の副詞で、**【文章Ⅱ】**には鐘の所在は書かれていないが、宣長は、自分が訪れた時に鐘があった場所は、おそらく**【文章Ⅱ】**が書かれた時代と同じ場所であろうととらえているようである。

(ii)

正解＝①

【文章Ⅱ】で、安産のための祈禱が行われている様子が書かれている部分について問われている。

①「すずろに『いかならむ』などおぼつかなく念ぜらるかし」の内容に合致している。**「すずろに」は、意志や目的もなく物事が進行していく様子を表す形容動詞「すずろなり」**の連用形で、「むやみやたらに・むしょうに」のように解釈する。**「おぼつかなし」は、状況や先行きがはっきりせず不安な気持ちを表す形容詞**で、「気がかりだ・じれったい」のように解釈する。**「念ず」は、強い気持ちを持つことを表す動詞**で、ここでは、お産の無事を強く祈るということ。助動詞「らる」はここでは自発の用法。「かし」は念押しの終助詞。筆者清少納言は、長谷寺にいる時にたまたま安産祈願が始まったので、祈禱を受けている人のお産が無事に達せられるかとむしょうに気になり、安産を祈らずにはいられなかったということである。

②「寺での出産に不安を感じて」、③「立派な僧が大勢選ばれて」という内容の記述はない。また、③「念仏を唱えている」、④「長谷寺の名を唱えながら」は、動詞「念ず」の意味を誤認している。

(iii)

正解＝②

【文章Ⅰ】の表現の特徴が問われている。

現代文の表現の問題と同様に、古文においても、普段から表現の特徴を意識しておくことが重要である。

①「和漢混交文」とは、軍記物語などに多く見られる、漢語を多く交えた文体のことで、和文体を基調とする『菅笠日記』の文章には当てはまらない。

②**【文章Ⅰ】**の説明として妥当である。各地を見聞しながら詠んだ和歌を交えるのは、歌人・文人たちの紀行文に多い形である。

③昔の史跡と称されている物を懐疑的に見ている様子は書かれているが、「根拠のない迷信にとらわれる風潮を痛烈に批判」しているとは言えない。見聞きした物についての率直な感想を、いくらかの皮肉も交えながら綴っている文章である。

④国学者としての知識が土台になってはいるが、それを「読者に伝えていこうとする教育的意図」があるとは言えない。**【文章Ⅰ】**は、教育目的で書かれたものではなく、自己

の体験を正直に綴った記録である。なお、「有職故実」とは、古来の朝廷や公家などの礼式・装束・年中行事などの先例や、それらに関する研究のことである。

平安のパワースポット

宣長が訪れた長谷寺は、平安京から直線距離で50㎞以上離れていますが、観音信仰が盛んであった平安時代には、貴族たちがこぞって参詣しました。女性たちもはるばると出かけたようで、その参詣（初瀬詣）の様子は『蜻蛉日記』や『更級日記』などの古典文学作品に書かれています。

その中でも、問題文に出てきた『源氏物語』の玉鬘の逸話は印象的です。玉鬘は、離ればなれになっている母との再会を願うために、あえて徒歩での参詣を決意します。「生ける心地もせで」というつらい思いをして、出発から四日目に長谷寺近くの椿市の宿で、母の侍女であった右近と出会いました。右近は、その時の喜びを、

二本の杉のたちどを尋ねずはふる川野辺に君を見ましや

（二本の杉の立っているこの場所に参詣しなかったならば、古い川の近くであなたに出会えただろうか、いえ、出会えなかったことだろう。）

と詠んでいます。当時の女性に篤く信仰されていた長谷寺で玉鬘の願いがかなうというこの場面は、さぞかし読者の心を引きつけたことでしょう。さすがは紫式部。この現実味ある物語の設定によって、後の時代の人たちは、玉鬘を実在の人物だと思い込むようになっていったのかもしれません。

また『今昔物語集』の「長谷に参りし男、観音の助けによりて富を得たること」という話は、昔話の「わらしべ長者」の原型です。身寄りのない貧しい男が長谷寺で祈っていると、「寺を出る時に手に触れた物を持って行け」という夢のお告げを得ます。言われたとおりにした男は、藁→虻→蜜柑→布三反→馬→田・米を次々と手に入れて、最後にはたいそう裕福になりました。この話は、いわば、男が人々との出会いを繰り返して幸せになった話です。

長谷寺の観音の御利益によって、玉鬘と右近の縁が結ばれ、貧しい男と人々との縁が結ばれ、どちらも幸せへと導かれていったのですから、長谷寺は、古典文学の世界において、まさに縁結びのパワースポットだと言えるでしょう。

清少納言を驚かせた法螺貝は、正午と午後八時を告げる合図として現在も吹かれていますし、藤原定家の五輪の石も、今でも残っています。これを書いているうちに、私も、宣長が歩いた道のりをのんびりとたどって、平安の初瀬詣に思いを馳せてみたくなりました。

第４問 『枕草子』『今昔物語集』『宇治拾遺物語』

解答

設問	配点	解答番号	正解	自己採点欄
1	各４点	1	②	
		2	①	
		3	⑤	
2	５点	4	①	
3	７点	5	⑤	
4	７点	6	③	
5	各７点	7	②	
		8	①	
合計			／45点	

訳例

【文章Ⅰ】

興ざめなもの

除目（じもく）で官職を得ない人の家。「今年は必ず（得られる）」と聞いて、以前（この家に仕えて）いた者たちで、他所（よそ）の従者であった者や、田舎めいた所に住む者たちなどが、みな集まってきて、出入りする牛車の轅（ながえ）もひっきりなしに見え、（任官祈願のために）寺社へ参詣する供に、われもわれもと参上してお仕えし、物を食べ酒を飲み、大騒ぎしあっているが、（除目が）終わる夜明け前まで門を叩（たた）く音もせず、「不思議なことに」などと、

出典

『枕草子（まくらのそうし）』　平安時代中期の随筆　作者　清少納言（せいしょうなごん）

作者が一条天皇の中宮定子に女房として仕えていた頃の宮仕えの体験などを、類聚（るいじゅう）的章段、日記回想的章段、随想的章段など性格の違う章段約三〇〇段に記したもの。人生や自然、外界の事物の断面を鋭敏な感覚で描く。作者の人間性のあらわれた才気縦横の明るい世界は、王朝文化の頂点を形成し、後世に多大な影響を与えた。

『今昔物語集（こんじゃくものがたりしゅう）』　平安時代後期の説話集　編者　未詳

天竺（てんじく）、震旦（しんたん）、本朝の三部に大別して千余編の説話を収める。仏教的・教訓的傾向が強いが、本朝部の説話はあらゆる地域と階層の人間が登場し、生き生きした人間性が描かれる。取材範囲も広く、登場人物も貴族、僧、武士、農民、遊女、盗賊から、妖怪変化にまで及んでいる。漢字片仮名交じりの簡潔な表現は和漢混交文の先駆をなす。

『宇治拾遺物語（うじしゅういものがたり）』　鎌倉時代の説話集　編者　未詳

貴族説話、仏教説話、民間説話など一九七編を収める。ユーモアに富み、中世初期の人々の生活感情をよく伝える。全体に平易でわかりやすい和文の語り口で語られてはいるが、その内容には鋭い人間批評や風刺、皮肉がきいているものも少なくなく、味わい深い作品である。『今昔物語集』『古本説話集』『古事談』などと共通する内容の話が多い。

耳を澄ませて聞くと、先払いの声が次々と聞こえて、（除目を終えた）上達部などがみな（宮中を）お出になった。様子を聞きに前日の夜から（派遣されて）寒がって震えていた従者が、たいそうつらそうに歩いてくるのを見る者たちは、（その従者に結果を）尋ね聞きさえもしない。他所から来ている者などが、「殿は何におなりになったのか」などと尋ねる時に、返事には「何々の前の国司に」などと必ず答える。本当に（主人の任官を）あてにしていた者は、「たいそう嘆かわしい」と思っている。翌朝になって、隙間なくいた者たちが、一人二人とすべるように出て立ち去る。古い従者たちで、そのようにも離れていくことのできそうにない者は、来年（国司が欠員になるはず）の国々を、指を折って数えたりなどして、身体をゆすってうろついているのも、気の毒で興ざめである。

【文章Ⅱ】

今では昔の事だが、□天皇の御治世に豊前大君という人がいた。柏原天皇の五男のお子さんで（柏原天皇の）お孫さんであったので、位は四位で、官職は刑部卿で大和の国守などであった。

この人は、世の中の事をよく知り、性質が素直で、天皇の政治のなさりようを良い事も悪い事もよくわかって、除目があるような時には、まず国でたくさん欠員が出ている国を、それぞれ順番を待って希望する人々がいるのをも、国の程度に応じて当てはめて推量して、「その人をその国の国守になさっているだろう。その人は筋道立てて希望するけれども、任官できないだろうよ」などと国ごとに言っていた事を人がみんな聞いて、望みが叶っていた人は、除目の翌朝には、この大君のところに行って褒めたたえた。この大君の推量の除目がはずれなかったので、世間の人は誰もかれもが、「やはりこの大君の推量の除目はすばらしい事である」と口々に騒ぎ立てた。除目の前にも、この大君のところに行き集まって尋ねたところ、（大君は）推量したままに答えていた。「任官するに違いない」と言われた人は、手をすりあわせて喜んで、「やはりこの大君はすばらしい人」と言って帰った。「任官しないだろう」と言うのを聞いた人はたいそう怒って、「これは何事を言っているおいぼれの大君か。道祖神を祀って正気でないのであった」などと言って、腹を立てて帰った。

そして「このように任官するに違いない」と（大君が）言った人が任官せずに、他の人が任官したのを、「これは朝廷が下手くそに任命しなさったのだ」と、大君は、国政を批判し申し上げた。だから、天皇も、「豊前大君は除目をどのように言うという事か」と、天皇に親しくお仕えする人々に、「行って尋ねろ」とおっしゃった。昔はこのような人がこの世にいたと語り伝えているという事だ。

【文章Ⅲ】

今では昔の事だが、柏原天皇のお子さんで五男で、豊前の大君という人がいた。（位は）四位で、官職は刑部卿、大和の国守であった。世の中の事をよく知り、性質が素直で、天皇の政治のなさりようをも、良い事も悪い事もよくわかって、除目があるような時といっても、まず国でたくさん欠員が出ている国を、希望する人々がいるのをも、国の程度に応じて当てはめては、「その人はその国の国守になさっているだろう。その人は筋道立てて希望しても、任官できないだろう」などと、国ごとに言っていた事を、人が聞いて、除目の翌朝に、この大君が推し量った事として言う事は、まったくはずれないので、「この大君の推量の除目はすばらしい」と言って、除目の前には、この大君の家に行き集まって、（大君が）「きっと任官するに違いない」と言う人は、手をすりあわせて喜び、「任官できないだろう」と言うのを聞いた人は、「何事を言っているおいぼれの大君か。道祖神を祀って、正気でないのであるようだ」などつぶやいて帰った。

「このように任官するに違いない」と（大君が）言う人が任官せずに、思いがけず他の人が任官したのを、「下手くそに任命しなさった」と、世間では批判した。だから天皇も、「豊前の大君は、どのように除目を言ったのか」と、親しくお仕えする人々には、「行って尋ねろ」とおっしゃった。これは、田村天皇、水の尾天皇などの御治世であっただろうか。

解説

問１

(ア) **正解＝②**

形容動詞「すさまじげなり」は、形容詞「すさまじ」が形容動詞化したもの。「げ（気）」は、接尾語で、形容詞の語幹（シク活用は終止形）や形容動詞の語幹などに付いて、「いかにも…の様子である。…らしく見える」などの意の形容動詞の語幹をつくる（例「あやしげ」「あはれげ」「清げ」など）。

「すさまじ」は、時節に外れていたり、備わるべき物が欠けていたり、その場にそぐわなかったりした場合の不調和な感じから受ける不快感を示す。「すさまじげなり」は「つまらなそうだ・興ざめな様子だ・殺風景だ」などと訳す。

(イ) **正解＝①**

「え〜打消」は「〜できない」と訳す。ここでは、打消にあたるのが、打消推量の助動詞の「じ」なので、「〜できないだろう」となる。「なら」は、動詞「なる（成る）」の未然形。念押しの終助詞「かし」は、「〜よ・〜ね」と訳す。これらをつなげて逐語訳すると「なることはできないだろうよ」となるが、ここでは「その国の国守になることができないだろうよ」の意味なので、①の「任官できないだろうよ」になる。

(ウ) **正解＝⑤**

動詞「ののしる」の原義は、「周囲を気にせず大声を立てる」。

現代語の「あしざまに言う・大声で非難する・怒鳴って叱る」などの意味は中世末期以降に広まったとされる。

問2 正解＝①

文法だけを覚えて学習を終わるのではなく、それが文中でどのような効果をもたらしているかを考えよう。

① **a**「え（副詞）＋問ひ（動詞・連用）＋だに（副助詞）＋も（係助詞）」。「だに」は類推を表す副助詞で、程度の軽いものをあげて、他にもっと重いものがあることを類推させる。「〜さえ」と訳す。ここは、すっかり落ち込んだ様子でとぼとぼと歩いてくる従者の姿を見て、「見る者ども」は、除目の結果が望んだものではない事を知り、従者に声をかけることさえできず、ましてそれ以上の踏み込んだことを聞く事ができずにいる様子である。これが正解。

② **b**「必ず（副詞）＋いらふる（動詞・連体）」。「いらふる」は、下二段動詞「いらふ」の連体形。波線部**b**の直前の係助詞「ぞ」を受けて、係り結びで連体形になっている。したがって、「る」は完了の助動詞ではなく、動詞の一部分。

③ **c**「云は（動詞・未然）＋れ（助動詞・受身・連用）＋たる（助動詞・完了・連体）」。「れ」は受身の助動詞。この「云はれたる」人は、「なるべし（＝あなたは望みの国の国守になるに違いない）」と、「大君」に言われた人のことである。したがって、選択肢の文法説明は正しいが、「『大君』が」以降の内容が間違っている。

④ **d**「除目（名詞）＋の（格助詞）＋あら（動詞・未然）＋ん（助動詞・婉曲・連体）＋とて（格助詞）＋も（係助詞）」。この「ん（＝む）」は、助動詞「む（＝ん）」で、婉曲・仮定の用法。現代語訳は「除目があるような時といっても」である。

⑤ **e**「親しく（形容詞・シク・連用）＋候ふ（謙譲・動詞・連体）」。「候ふ」は、謙譲語または丁寧語として用いられる敬語で、尊敬語ではない。ここは「天皇にお仕えする」という意味なので謙譲語。作者から天皇への敬意を示している。

問3 正解＝⑤

【文章Ⅰ】は「すさまじきもの（＝興ざめなもの）」の例として、「除目で官職を得ない人の家」における典型的な様子が書かれている部分である。

① 除目で官職が得られるかどうかが話題となっているので、「今年は必ず」の直後には「主人は官職が得られるだろう・主人は望んだ国の国司になるだろう」などが省略されている。主人が希望の官職に就くことを心待ちにしているのであって、自分たちが久しぶりに都の邸で集まることを心待ちにしてい

るのではない。

② 除目に際し、あちらこちらから邸に人が集まってきている様子が描かれているが、これは、主人が任官すればまた雇ってもらおうと思って来ているのである。以前はこの邸で働いていたが、主人の経済状態が思わしくなくなり、やむを得ず邸を離れた従者たちも、また馴染みのこの邸で働きたいと思って集まり、除目の結果に期待しながら、食事や飲酒をしつつ賑やかに待っている様子が描かれている。彼らにとって、主人が任官するか否かは大きな問題であるから、その結果が出る「暁」には、「門たたく音」がするのを心待ちにし、外の物音を「耳たてて聞」いている。

③ ②の解説で書いたように、邸で主人の任官の知らせを待つ人々が、「耳たてて聞」いたところに、上達部たちの牛車が通るのを知らせる「先駆追ふ声々」が聞こえてくる場面が描かれている。「先払いの者に除目の結果を口外しないようにと口止めをする」にあたる記述は、本文にはない。

④ 不本意な結果に落胆した従者が帰ってきたところに、「ほかより来たる者」が事情も知らずに「何の役職に就いたのか」とぶしつけな質問をしてくる。今もっとも聞かれたくない質問を受けて、「何にも任命されなかった」と正直に答えるのもしゃくに障るし、答える気にもなれないが、何も返事をしないわけにもいかないので、「どこそこの前の国司に（なりました）」と答えることで、今回はどこの国司にも任命されなかったということを、婉曲に伝えているのである。

⑤ 除目は首尾良くいかなかったことがわかり、「え問ひだにも問はず」以降では、めっきりと口数も減り、あれほどいた人々も、そっと静かに邸を立ち去り、最後には、古参の従者たちが、来年国司が欠員になる国を指折り数える場面が描かれる。「すべり出づ」は、「すべるように、そっと静かに退出する」という意味。これが正解。

問４　正解＝③

傍線部Ａを逐語訳すると、「『これは朝廷が下手くそに任命なさったのだ』と、大君は、国政を批判し申し上げた」となる。「謗り（そしり）」の主語は「大君」、「世」は「国政・朝廷」で、大君が朝廷を批判していることになる。一方、傍線部Ｂを逐語訳すると「『下手くそに任命なさった』と、世間では（国政を）批判した」となる。この「世には」の「世」は「世間」で、「そしり」の主語は「世」の人々である。こちらの場合では、世論が朝廷を批判していることになる。つまり、**傍線部Ａと傍線部Ｂは、同じ動詞「謗り・そしり」が使われているが、その主語が違っている。【文章Ⅱ】と【文章Ⅲ】**で大きく異なるのはまずこの部分である。

次に、傍線部Ａ・Ｂの違いを受けて、その続きを読んでみよう。**【文章Ⅱ】**では、大君に批判されたくない朝廷（天皇）は、大君の予想が気になり、側近の従者を大君のところに行かせて、予想を尋ねさせている。天皇と大君との情報の攻防戦である。一方、**【文章Ⅲ】**では、世間を敵に回したくないという思いのために、天皇は大君の予想を気にしている。側近を大君のところに行かせるのは**【文章Ⅱ】**と同じであるが、天皇が誰を強く意識して行動しているかが異なっているのである。

①は、「天皇が大君の予想に気を悪くして」以下が間違い。天皇は大君の予想を気にしているが、気を悪くしているわけではない。②は、「どうするべきか」以下が間違い。天皇は、大君の予想を気にして尋ねさせてはいるが、人事の内容について教えを請うてまではいない。④は、「実は大君と天皇とが」以下が間違い。天皇と大君は、相談して芝居を打っていたわけではない。⑤は、「天皇は快く思わず」以下が間違い。天皇は大君の予想のことで大君を問い詰めてはいない。正解は③。

問5

(i)　**正解＝②**

① 「自分の除目の予想が当たると期待されることを負担に感じる」にあたる記述は本文中にない。

② **【文章Ⅱ】** 5行目に「その人は道理立てて望めども、えならじかし」とあるように、任官できそうにない相手にも予想したままを告げて、言われた人が腹を立てるような事態を招いているので、配慮に欠ける部分があるといえよう。同様の表現が**【文章Ⅲ】**の3～4行目にもある。これが正解。

③ 「どうしてもわからない国の予想については神仏に頼る」にあたる記述はない。**【文章Ⅱ】** 10行目の「道祖神を祭りて狂ふにこそありぬれ」は、不本意な予想をされた人が、腹立ち紛れに言っている言葉。同様の表現が**【文章Ⅲ】**の6～7行目にもある。

④ 「除目の予想が外れたことに文句を言う人に対しては激昂する」にあたる記述は本文中にない。怒っているのは、不本意な予想を言われた人である。

(ii)　**正解＝①**

① 不本意な予想をされた人物は、**【文章Ⅲ】** 6行目で「何事いひ居る古大君ぞ。塞の神祭りて、狂ふにこそあめれ」と悪態を吐（つ）いている。さぞかし大声で罵詈雑言（ばりぞうごん）を発したのかと思うと、そうではなく、その言葉は実際には「つぶやきて」と小さな声で言われている。これは、望み通りの予想でなかったことに納得できない心情の表現である。同様の表現が**【文章Ⅱ】**の9～10行目にもある。これが正解。

② **【文章Ⅱ】** 8行目、**【文章Ⅲ】** 6行目の「手を摺りて」は、希望どおりの予想をされた人が、その喜びを動作で表している表現である。「良い予想を引き出そう」として機嫌を取っているわけではない。

③ **【文章Ⅱ】** 9行目の「何事云ひ居る」と**【文章Ⅲ】** 6行

目の「何事いひ居る」は、国守になれないと予想された人が、大君に向かって悪態を吐いているところであって、大君の予想がはっきりしないことにいらだっている表現ではない。

④「豊前大君の言うことは何も違うはずがないと、やみくもに信じ込む」にあたる記述は本文中にない。【文章Ⅱ】6行目「違はざりければ」、【文章Ⅲ】4～5行目「つゆ違はねば」とあるように、大君の言うことは実際に的中した。そのため、人々は大君の予想を聞きたがったのである。

サラリーマンの哀愁

除目（じもく）は、一年に二度行われる行事で、地方官を任ずる春の除目（県召（あがためし））と、大臣以外の中央官を任ずる秋の除目（司召（つかさめし））と、臨時の除目があります。特に、「県召」は中流貴族にとっては大切な行事です。というのも、どこの国の国守になるかが収入の上下につながるからです。少しでもよい国に当たるようにと、本人だけでなく、召使たちまでもが待ち望む様子が【文章Ⅰ】に書かれていました。

『枕草子』には、任官を望む貴族が女房たちに自己PRをする様子について、次のようにも書かれています。

老いて頭（かしら）白きなどが、人にとかく案内（あない）言ひ、女房の局（つぼね）に寄りて、おのが身のかしこきよし、心をやりて説き聞かするを、若き人々はまねをして笑へど、いかでかは知らむ。

〈老いて白髪の人などが、人にあれこれと頼みごとを言い、女房の局に立ち寄って、自分の身の立派さを、いい気になって説明して聞かせるのを、〈その後で〉若い女房たちは真似をして笑うけれども、〈本人は〉どうして知ろうか、いや、知っているはずがない。〉

少しでも天皇への口添えをしてもらおうと、白髪の老人が、孫や子供のような女房に自分の自慢話をして聞かせる様子を想像すると、少し切なくなります。

第5問 『あきぎり』

解答

設問	配点	解答番号	正解	自己採点欄
1	各4点	1	①	
		2	⑤	
		3	②	
2	5点	4	④	
3	7点	5	④	
4	7点	6	⑤	
5	各7点	7	②	
		8	①	
合計				／45点

出典

『あきぎり』 鎌倉時代の擬古物語 作者 未詳

荒れた三条邸に住む姫君と三位中将との波乱に満ちた恋の物語。第2問の『雨やどり』と同じ擬古物語の一つである。擬古物語は、平安時代の物語の言葉の使い方や世界観を模倣して、鎌倉・室町時代に作られたものである。

『千載和歌集（せんざいわかしゅう）』 平安時代後期の和歌集 撰者 藤原俊成

七番目の勅撰和歌集。後白河法皇の院宣を受けて、藤原俊成が編集し、一一八七年に完成した。約一二〇〇首を収める。歌風には俊成の理想とした幽玄の趣が現れており、次の『新古今和歌集』の時代につながるものといえる。

訳例

女房たちも寝てしまったのだろうか、物音もしないので、（中将は）昨晩お入りになった所から、中に入って御覧になると、姫君はまったく昨晩のままの姿で横たわっていらっしゃる。御（み）髪（ぐし）の行方もおわかりにならない〔＝髪の乱れているのも構わないでふさぎこんでいらっしゃる〕御様子を、「ああ残念なお姿だなあ。思い詰めなさるのももっともだけれども、今はただ前世の因縁をおわかりになって、普通の様子で接して下さい」などと、お話しになる。

あれほど美しい人〔＝中将〕が気持ちをこめて、それにしても（御機嫌を直してください）と慰めお話しになる御様子が、徐々に日数も重なって、夜とも夜明け前ともなく人目を忍び（つつ訪問）なさる毎夜毎夜、（姫君は次第に）心が安らぎなさるのも、我ながらうとましい。母君に決してお知らせ申し上げまいと隠しなさるので、（母君は）どうして御存じになることができようか、いや、御存じになることはできない。

九月も二十日過ぎになったので、虫の声も弱っては、枕の下のコオロギは、「私だけ」と鳴き声を上げているので、よりいっそう身に染（し）みる気持ちがして、木の下を吹き過ぎる風の音も、何となくさむざむとしている庭の上に、一面に降りている露は霜かとも見間違えるのにつけても、小笹の野原を眺めてもの思いにふけったとかいう昔の時のことまでも思い合わせて悲しいところに、いつものように、中将がこっそりとおいでになって、はてしなく（行く末までの）約束をお話しになる。有明の月を、一緒に御覧になって、男君が、

いままでずっと毎夜毎夜、つらい気持ちでもの思いにふけって眺めた月を、（あなたと一緒になった）今では、このつらい世の中で生きていける思いがする有明の空だなあ。

と、声に出してお詠みになると、女君は、

よりいっそう（はかない）浮き雲がたくさん浮かぶ夜で、ますますつらいことがたくさんある世の中なので、いつまで私も（この世に）生きていけるのだろうかと思われる有明の空だなあ。

と、打ち消して言いなさるのも、愛らしくかわいらしいのにつけても、見る甲斐がある様子を、つくづくと御覧になって、「私は、普段この俗世に留まる望みはひたすらなくて、日々を暮らしてきたが、（三条の姫君とこうして出会えたのは）こうなるべき仏神のお導きであろうか」とまで思われなさるにつけても、よりいっそう尽きることのない御愛情ばかりが強まりなさるので、女君も「これや契りの」などと、（古歌のように、男女の情愛を）だんだんとおわかりになる。夜も夜明け前も、このようにばかりこっそりと通いなさるのも、慣れていない気持ちにはつらくて、（中将は）「さらに、度重なるならば自然と怪しむ人もいるならば、大臣殿の辺りでもきっとお聞きになるだろう。どのようであっても、私にとっては不都合でないけれども、あなたにとって、遠くない（親戚の）仲で耳にすると不愉快なこともあるならば、（あなたの）母上がお聞きになるようなこともつらいに違いない。適当であるようなところへ、こっそりと（あなたを）移し申し上げよう」などと、お話しなさる。

この中将殿の北の方は、左大臣殿と申し上げる（方の）御姫君である。（左大臣殿は）この三条の姫君の母上には兄でいらっしゃるので、何かにつけて頼りになり、あてにしていらっしゃる。院や、天皇の寵愛もはなやかで、姫君をお二方お持ち申し上げなさっているが、大君〔＝長女の姫君〕は今の（天皇の）中宮として、寵愛されていらっしゃる。中君〔＝次女の姫君〕を、（左大臣は）特にかわいらしいものとお考えになって、宮の中将が、容貌や、様子や、世間の評判も人にまさっていらっしゃるので、見過ごすことができなくて、婿に迎え申し上げて、並一通りでない秘蔵の婿として、いつも大切に扱う方としていらっしゃるけれども、どういうわけであろうか、（宮の中将は、妻である中君への）御愛情が深くなく、ただうたたね（のような短い夜の逢瀬）だけで毎日を過ごしなさるのを、恨めしいこととお考えになっているけれども、中将は、この三条の姫君と初めて契りを結びなさってからは、浮気心を起こしなさらず、一晩の間もあけず、（三条の姫君のところに）こっそり訪れて

いらっしゃるのを、大臣はよりいっそうつらくお思いになる。（中君の母である）左大臣の北の方などは嘆きなさるのももっともである。乳母(めのと)などと相談しあっては、加持祈禱(きとう)を一緒に申し上げる。

問5

秋の夜の情趣は誰でも知っているのに、「私だけ（が知っている）」と（いう風情で）鳴くコオロギだなあ。

解説

問1

(ア) **正解＝①**

副詞「いとど」は、「よりいっそう・ますます」の意味。「つきせ」は、カ行上二段活用動詞「つく（尽く）」の連用形「つき」が名詞化したものに、サ行変格活用動詞「す」が付いて一語となった複合動詞「つきす（尽きす）」の未然形。「ぬ」は打消の助動詞「ず」の連体形で、「つきせぬ」は「尽きることがない」の意味。

(イ) **正解＝⑤**

動詞「忍ぶ」は、①人目を忍ぶ・隠れる・隠す、②耐え忍ぶ・我慢するの意味があるが、ここでは、①の意味。「渡し奉らん」は、動詞「渡す」＋謙譲の補助動詞「奉る」＋意志の助動詞「ん」から成り、「移し申し上げよう」などと訳す。

(ウ) **正解＝②**

名詞「世」は、ここでは「世間・世の中」の意味。**名詞「おぼえ」は、①評判・人望、②（「御おぼえ」の形で）寵愛・身分の高い人から愛されること**の意味であるが、ここでは、①の意味。

問2　正解＝④

傍線部Aの品詞分解は以下の通りである。

あな（感動詞）／心憂（形容詞・語幹）／の（格助詞）／御さま（名詞）／や。（間投助詞）／思し召す（尊敬・動詞・連体）／も（係助詞）／

ことわり（名詞）／ながら、（接続助詞）／今（名詞）／は（係助詞）／ただ（副詞）／昔（名詞）／の（格助詞）／契り（名詞）／

を（格助詞）／思し知り（尊敬・動詞・連用）／て、（接続助詞）／常ざま（名詞）／に（格助詞）／見え（動詞・連用）／給へ（尊敬・動詞・命令）

まず、この部分の状況を確認しよう。リード文にあるように、中将が、忍び込んだ邸で、故大納言の姫君と一夜を明かした翌日、ふたたび姫君のところを訪れた場面である。姫君は、髪の毛が乱れたままなのも構わずに、昨夜のままの様子で寝床に臥している。髪の毛が乱れたまま寝ているというのは、見知らぬ男性との突然の逢瀬にショックを受けて、鬱々としている様子の表現である。そんな姫君を見て、中納言が姫君に掛けた言葉が、傍線部Aである。傍線部Aの現代語訳は、「ああ残念なお姿だなあ。思い詰めなさるのももっともだけれども、今はただ前世の因縁をおわかりになって、普通の様子で接してください」である。

① 文法的な説明は正しいが、これは、髪の乱れも構わずに臥せったままでいる姫君の様子についての言葉である。

② 名詞「ことわり」は、「道理・筋道・もっともなこと」の意味。**接続助詞「ながら」は、①～つつ、②～けれども、③～まま、④（数詞と共に）～全部**などの意味を表すが、ここでは逆接「～けれども」の意味。落ち込んでいる姫君に、「あなたの様子はもっともだけれども」と声を掛けている。

③ **「昔の契り」は、「前世からの因縁・宿縁」**という意味である。古文では、生死や恋愛などの、人間の力ではどうしようもない運命的なことについて、それを前世からの因縁と考えることが多い。

④ 動詞「思ひ知る」は、「十分にわかる・理解する・悟る」の意味で、「思し知る」はその尊敬表現。ここでは、「中将と逢瀬を持ったことについて、それは前世からの因縁によるものだと悟って受け入れる」ということ。これが正解。

⑤ 「見え」は、動詞「見ゆ」の連用形。**「見ゆ」は、①見える、②（姿を）見せる、③（姿を）見られる**などの意味がある。ここでは、②の意味。そこに尊敬の補助動詞「給ふ」の命令形が接続して、「見せて下さい」の意味になっている。「常ざまに見え給へ」は、「臥せったままではなく、いつもどおりに姿を見せて下さい」の意味で、普通の様子で接してほしいと姫君に求めている表現である。下二段動詞「見ゆ」と、上一段動詞「見る」は別の語である。

問3 正解＝④

① 姫君は、中将と逢瀬を持った当初は、ふさぎこんでいたが、[2]段落1行目に「やうやう日数も重なりて、宵暁（よひあかつき）となく紛れ給ふ夜な夜な（よよ）、慰み給ふ」、[3]段落10行目に「女君も『これや契りの』など、やうやう見知り給ふ」とあるように、次第に中将に馴染んでいった。

② [2]段落2行目に「母君に夢にも知らせ奉らじとつつみ給へば、いかでか知り給はん」とあるように、姫君は中将との仲を母君に内緒にしていたので母君はまったく気づいていない。ここの「いかでか」は反語。

③ [3]段落7行目の姫君の「いとどしく…」の和歌の現代語訳は、「よりいっそう（はかない）浮き雲がたくさん浮かぶ夜で、ますますつらいことがたくさんある世の中なので、いつまで私も（この世に）生きていけるのだろうかと思われる有明の空だなあ。」である。これは、中将の「よとともに…」の和歌に対する返歌である。中将が「（あなたと一緒になった）今では、このつらい世の中に生きていける思いがする」と、「有明の月」の「有」に、「生きる」という意味の「有り」を掛けて詠んだのに対し、姫君は、「いつまで生きていけるのだろう

か」と不安に思う内容の返歌を詠んだのである。第2問『雨やどり』の解説でも書いたように、恋愛の初めの頃の和歌の贈答では、女性は素直に心情を述べず、わざと冷たい内容の和歌を詠むことが多いが、これもその一例である。生きていけるかを不安に思っているという内容ではあるが、「この世から消えてしまいたい」という願望を表しているものではない。

④ 3段落8行目の中将の心内文に「我、明け暮れこの世にとどまる本意（ほい）なくてのみ、明かし暮らしつる」とある部分は、俗世に留まるつもりがない、つまり出家を考えていたということ。そして、それに続く「しかるべき仏神の御導きにや」の部分は、姫君との仲を仏神が導いた運命的な縁だと考えているということである。これが正解。

⑤ 3段落11行目の中将の発言には「ともあれ、かくもあれ、我がためは苦しからねども、この御ため、離れぬ仲に聞きにくきこともあらば、母上の聞き給はんも心苦しかるべし。」とあり、二人の仲が知れることは、自分にとってはかまわないが、左大臣家と親戚関係にある姫君の母上にとっては不都合な事だろうと、心配している。

問4　正解＝⑤

① 「次女の方が中宮になれば良かったのに」が間違い。「ことにかなしきことにし給ひて」とあるように、左大臣はとりわけ中君をかわいがっていたが、中君を中宮にしたかったとは書かれていない。

② 「気位が高く」以下が間違い。本文中に、中君の性格や心情を書いている部分はなく、また中将の身分を不満に思っているという心情を書いている部分もない。

③ 「公私にわたって」が間違い。左大臣は中将のことを、「いみじきわたくしものに（＝並一通りでない秘蔵の婿として）」かわいがっているのであり、「公私にわたって頼りにしていた」のではない。

④ 「左大臣の邸を訪れても上の空で居眠りばかりしていた」が間違い。中将が、姫君に対しては、「異心（ことごころ）（＝浮気心）」を持たず、「一夜の隔てもなく」通っているのに、左大臣邸では、いつも「ただうたたねのみ（＝ひたすら短い時間だけの滞在）」であることを、左大臣はつらく思っている。

⑤ 「母上などは嘆き給ふもことわりなり。乳母など言ひあはせつつ、御祈りともども聞こゆ」に合致する。婿である中将が、中君に対して熱心ではないのに、姫君のところには毎夜、通っているのを聞いて、左大臣の北の方は心配に思い、乳母たちと相談して、加持祈禱（きとう）を行っている。これが正解。

問5

（i）**正解＝②**

『千載和歌集』の和歌の現代語訳は「秋の夜の情趣は誰でも知っているのに、『私だけ（が知っている）』と（いう風情で）鳴くコオロギだなあ。」である。

古典文学では、「秋」は四季の中でも特にしみじみとした情趣が深い季節と考えられており、和歌の中では悲哀感・寂寥感と結びつけて詠まれることが多い。

特に「秋の夜」は、孤独で長いというイメージを伴って、人々に捉えられていた。したがって、この和歌の上の句は「秋の夜に寂しい情趣があることは、世の中の誰もが知っている」という、当時の人々の社会通念をいっている。

そして、下の句は「コオロギが『秋の情趣を知っているのは私だけだ』とでもいうような風情で鳴いている」という意味である。コオロギがいかにも寂しげな鳴き声を響かせる様子を、このように表現したのだろう。上の句と下の句を対照させて考えると、「秋の夜の情趣は、誰もが知っていることなのに、コオロギは自分だけが知っているかのように鳴く」ということを言おうとしているので、空欄 **X** （＝接続助詞「ものを」の用法）は、「逆接」である。

また、この和歌の「なく」は掛詞で、単にコオロギの声を詠んだだけのものではなく、そのコオロギが「鳴く」ように、作者自身が「泣く」という意味も表している。

したがって、和歌全体で、「誰もが知っている秋の寂しい情趣であるのに、コオロギが『自分だけがそれを知っている』といった様子で鳴くように、私もまた、自分だけが寂しいかのように泣く」ということを表現している。

(ii)

正解＝①

傍線部Bの現代語訳は、「（枕の下のコオロギは、）『私だけ』と鳴き声を上げているので、よりいっそう身に染みる気持ちがして」である。……を付した部分が『千載和歌集』の和歌をふまえている箇所である。

傍線部Bの前の部分からあわせて、この状況を整理してみると、長月（陰暦九月・晩秋）となって、虫の声も弱々しくなったところに、姫君の枕の下から聞こえてきたコオロギの鳴き声は、「秋の寂しい情趣を知っているのは私だけだ」と言わんばかりの、『千載和歌集』の和歌に詠まれたような風情であり、それを聞いていると、姫君は、よりいっそう秋の寂しい情趣が身に染みる気持ちがしているのである。③段落の前半は、姫君が庭に向かっている場面である。心のどこかでは、中将の来訪を待つ思いで庭を眺めているのだろうが、傍線部B自体は、中将への思いを直接述べたものではなく、深まりゆく秋の風情を表現している部分である。

「きりぎりす（＝コオロギ）」は、庭で鳴くだけでなく、晩秋、人家の中に入り、床下などで鳴くとされ、「枕の下で鳴く」と詠まれている歌が多くある。

第6問 『歌学提要』

解答

設問	配点	解答番号	正解	自己採点欄
1	各4点	1	④	
		2	②	
		3	①	
2	5点	4	③	
3	7点	5	④	
4	7点	6	③	
5	各7点	7	③※	
		8	⑥	
合計			/45点	

※解答の順序は問わない。

出典

『歌学提要』 江戸時代の歌論書 作者 内山真弓

歌人で国学者の内山真弓が、和歌の師である香川景樹の歌論を記したもの。『古今和歌集』の歌風を尊重する「桂園派」と呼ばれる流派の論が体系的にまとめられている。

『新古今和歌集』 鎌倉時代の勅撰和歌集 編者 藤原定家ら

第八の勅撰和歌集で、後鳥羽上皇の命により、藤原定家らとともに後鳥羽上皇自身も撰集に加わって編纂された。余情をかきたてる優艶な歌風が特徴的とされる。

訳例

詠歌に趣向を求めることはあってはならないことである。古歌の優れたものを見よ。何らかの趣向があるか、いや、何の趣向もない。顕輔卿の「秋風にただよふ雲」の歌は、何一つ思い付いた趣向もなく、いつもある様子を詠んでいるだけ(である)。けれども七百年の長い時を経て、身分の上下を問わず賢者と愚者の区別もなく、そのような月に向かうと(この歌が心に)浮かんできて、ひたすら感動せずにはいられないのは、不思議ではないか。優れた歌はすべてこうであるけれども、今は一首を挙げて注意を促しておくだけ(にしておく)。

この程度のことは誰もが思いもし言いもするけれども、歌に詠んだといっても何の値打ちがあるだろうかと思い捨てて、さらに一段高尚なものを求め、深いものを探し、しだいに(本来あるべき)歌の境地を離れて、それで歌だと思いもし、言いもするので、ほとんど歌の本来の姿を失うものである。ただ実物実景に向かって、思うままをすらすらと詠み出すとすればその場合には、自然と調べが整ってすばらしい調べは生まれるものである。

また当代で、自分こそはと得意になっている人の歌を見ると、だいたい趣向と理屈とを中心として詠んでいるので、枝を曲げ葉を切り落とした庭木のように、自然の調べ・自然の姿を失っているので、これはと感心する歌はもちろん(ないもの)で、聞いて理解することさえ難しい歌も時々あるものである。

だから、師は、いつも、「歌は理屈を述べるものではない。歌うものである。理屈のない歌はそれでも詠むがよい。歌ではない理屈は詠んではならない」とお教えになった。これは調べがあるから歌、調べがないと歌ではない（ということである）。結局調べとは歌の呼び名である。また、「理屈がなくて自由に進むものは音調である。理屈があって自由に進むことができないものは文章である」ともお教えになっている。音調のこのような部分は実に大きいではないか。だから、趣向をとやかく求めることをやめて、ただ誠実な思いを詠み出すことが一番良いことを知らなければならない。

また、掛詞はだいたい歌の品格が卑しく、幻滅するものであって、感興を損なうものである。好んで詠んではならない。初心者は、対象と気持ちとを関係のないものとして、何はともあれ奇抜な掛詞を求めて歌を詠もうとするので、前後の句が合わず、調べが整うことがない。これは、歌は真実（を詠むもの）であることを知らず、むやみに作り上げるものと思っている誤りである。ただ普段の言葉を用いてこの思いを述べる以外にはないことを悟らなければならない。

ところで、「なし」ということを「嵐」に掛けて詠み、あるいは、「逢ふこと波に」などと工夫して詠むようなことは、どちらかと言えばきっとかまわないだろう。「知らず」ということを「白波」・「白菊」などと詠んで聞かせようとするのは、感心しないことであるよ。そうはいっても、掛詞にも優れた歌が、ないわけでもないので、ひたすらこれを捨てろと言うわけではない。ただ注意して詠むようなことだけ（を言っているのである）。誠実から生まれたならば、かえって調べを助けて情調がすばらしい歌もきっとあるに違いない。けれども、「歌でいかにも歌らしい歌は歌ではない。物はその匂いがあるのは劣っている」と（師はお教えになった）。それならば、ともかく（誤った）歌（の概念）を捨てて歌を詠まなければならないのである。

（注）の和歌

1　秋風にたなびく雲の絶え間から漏れ出る月の光の澄んだ明るさ。

5　難波の人は、どんな因縁でむなしく死んでしまうのだろうか。難波の入り江の波や澪標ではないが、逢うことがないので身を滅ぼすほど捧げては。
※「え」は「江」と「縁」、「なみ」は「波」と「無み」、「みをつくし」は「澪標」と「身を尽くし」の掛詞。
（「澪標」は、海や川で、船の通う水路を示すために並べて立てた杭のこと。「難波」との関連で和歌に詠まれることが多い。）

6　天の川の浅瀬を知らず、白波をたどりながら渡りきることができないでいると、夜が明けてしまったなあ。
※「しら（波）」は「白（波）」と「知ら」の掛詞。
定めがあって色褪せるだろうとは知らずに、白菊が紅葉の

下の花として咲いたのだろうか。

※「しら（菊）」は「白（菊）」と「知ら」の掛詞。

問5『新古今和歌集』

山里に住んでおりました頃、嵐が激しい朝、前中納言顕長のもとにお送りになった歌

夜中に吹く嵐につけて思うことだよ。都もこのように秋は寂しいのかと。

後徳大寺左大臣

返歌

世の中で秋が終わったので、都でも今は嵐の音ばかりがする。（私は）世の中をすっかりいやになったので、都にももういるまいという思いばかりがする。

前中納言顕長

解説

問1

(ア) **正解＝④**

「あやしから」は、**通常と異なって違和感を覚える様子を表す形容詞「あやし（怪し）」**の未然形。「〜ずや」は、「〜ではないか」と問いかける形で詠嘆を表す用法。ここでは、何の趣向もない顕輔の「秋風に…」の歌が、月を見る人の心にいつも浮かんで感動を呼ぶことについて、非常に不思議なことだと詠嘆する思いを表している。

(イ) **正解＝②**

「感ず」は「感動する・感銘を受ける」の意なので、これだけで②に決まるが、傍線部全体の意味も確認しよう。傍線部(イ)の逐語訳は「これはと感動するものはもちろんで」である。「これは」の後の内容と、もちろんどうなのかを文脈から補うと、「これはすばらしいと感動する歌はもちろんよくて」ということになる。「これ」は「我はと誇れる人の歌」を指している。その歌について、筆者は、「自然の調べ・自然の姿を失ひたれば」と批判している。「〜はさらにて」は、「〜はもちろんで」と自明のことを挙げる連語表現で、他も同様であることが続けて述べられることが多い。ここでは、直後に「聞きだに分け難きもままある（＝聞いて理解することさえ難しい歌も時々ある）」と続いているので、傍線部(イ)も同様に「これ」を批判する内容になっていることがわかる。

(ウ) **正解＝①**

「あかぬ」は、**「満足できる」という意味のカ行四段活用動詞「飽く」**の未然形＋打消の助動詞「ず」の連体形で、「満足できない・不満だ」ということ。

問2　正解＝③

波線部の解釈や文法が問われている。全体の逐語訳は「誠実から生まれたならば、かえって調べを助けて情調がすばらしい歌もきっとあるに違いない」である。

格助詞「より」は、①**起点（～から）**、②**通過点（～を通って）**、③**比較の基準（～と比べて）**、④**原因（～で・～によって）**、⑤**手段（～で・～を使って）**、⑥**範囲の限定（～以外に）**、⑦**即時（～や否や）のような用法があるが**、ここでは、和歌が「誠実より出で来」という文脈なので、起点を表している。これを比較の基準としている①は間違い。

「出で来ば」の「ば」は、カ行変格活用動詞「出で来（く）」の**未然形「出で来（こ）」に接続しているので、順接仮定条件を表している**。これを恒常条件としている②は間違い。

「なかなか」は、「かえって」と訳す副詞で、通常の認識や予想とは異なる側面があることを示す際に用いられる。ここでは、無理のある掛詞を用いることへの不満が示された上で、誠実から生まれた掛詞ならかえって和歌をすばらしくする場合もあるという見解が述べられている。③が正解。

「匂ひ」は、そのものから感じ取れる良い雰囲気を表す言葉で、現代語の「匂い」がほぼ嗅覚で感じ取れるものを表すのに限られるのに対して、古語としては、視覚的な良さを言う場合も多いことに注意しよう。ただし、ここで言う「匂ひ」は、和歌の雰囲気のことで、④のように「美しい色紙に流麗な文字で書いた際の見た目」と特定できるものではない。

「ありぬべし」は、ラ行変格活用動詞「あり」の連用形＋完了（強意）の助動詞「ぬ」の終止形＋当然の助動詞「べし」の終止形で、「きっとあるはずだ」の意。この「ぬ」を打消の助動詞「ず」と誤解している⑤は間違い。

問３　正解＝④

和歌の「趣向」について書かれたこの文章全体の内容理解が求められている。本文の初めに、「詠歌に趣向を求むることはあるまじきわざなり」と書かれているように、筆者や香川景樹は「趣向」を否定する立場であることをふまえつつ、本文と選択肢を検討していこう。

① 第一段落に挙げられた顕輔の「秋風に…」の和歌は、一切の趣向がないすばらしい古歌の例なので、「優れた古歌の中には、一見しただけでは気付かないところに何らかの『趣向』が隠されているものもある」という説明は間違っている。

② 本文全体として、「『趣向』を前面に出した和歌を詠もうとする」ということは想定されていない。また、第二段落に、「思ふままをすらすらと詠み出でむには、おのづから調べ整ひてめでたき調べは出で来るものなり」と書かれているので、「内容に齟齬（そご）がないように推敲（すいこう）を重ねなければならない」という説明は間違っている。

③ 第四段落末尾の「趣向の穿鑿（せんさく）をやめて」にあたる説明は正しいが、「誠実の思ひを詠み出づるにしくことなき」は、「誠実な思いを詠み出すことが一番良い」という意味なので、「誠実に音調を研究する」という説明は間違っている。

④ 第五・第六段落に書かれている内容に合致している。「掛

詞」は和歌を「みだりに造りかまふる」ためのものとされ、「常言をもてこの思ひを述ぶる」態度と対置されているので、この文章で言う「趣向」にあたる。第五段落から第六段落の二文目にかけて、奇抜で無理のある掛詞への批判と具体例が示された上で、第六段落の「さはいへど、」以降では、掛詞を完全に否定するわけではないが、「ただ心してものせんのみ」と注意を促す旨が書かれている。これが正解。

問4　正解＝③

> **「文章の表現の特徴と内容」についての問いは、選択肢に引用された部分を本文から探し、その表現がどういうことを意味し、本文内容にどう関わっているかを考えて選択肢を吟味する。**

① 「時代の変化に伴う和歌の変遷」が間違い。本文では、古歌の例が挙げられ、今の歌人の和歌の傾向が述べられてはいるが、昔から今への移り変わりは述べられていない。

② 「反語表現・助動詞『べし』・命令形」という説明は正しいが、1行目の「なにかの趣向かある」は、「何らかの趣向があるか、いや、何の趣向もない」という客観的な事実を反語表現を用いて述べたものである。また、20行目の「ひたすらこれを捨てよと言ふにはあらず（＝ひたすらこれを捨てろと言うわけではない）」は、掛詞を条件付きで認める姿勢を表すもので、「捨てよ」と命じているわけではない。文章全体として、和歌の趣向についての批判や注意点が述べられてはいるが、「歌人たちの意識を改革していこうとする筆者の意志が強く表されている」とまでは言えない。

③ 鎌倉時代の勅撰集である『新古今和歌集』に収められている「秋風に…」の歌や、筆者の師である香川景樹の言葉が引用されているのは、趣向を原則として否定する筆者の見解に説得力を増すためであると考えられる。これが正解。

④ 「逢ふこと波に」という掛詞は、「まだしもありなん（＝どちらかと言えばきっとかまわないだろう）」と、譲歩的に認める姿勢が示されているので、「不適切な掛詞の例」とは言えない。また、全体を通して、古歌の例を挙げたり古歌への見解を示したりしているのは筆者であり、「古歌を一方的に称賛する人をたしなめる」記述はない。

問5　正解＝③・⑥

教師と生徒の会話から、「あらし」と読む「嵐」と、「し」を濁音にした「あらじ」とが掛詞であることを確認しよう。

> **掛詞では清音と濁音の区別はしない。**

その掛詞が用いられた例として教師が挙げたのが、『新古今和歌集』の後徳大寺左大臣（ごとくだいじのさだいじん）と前中納言顕長（さきのちゅうなごんあきなが）の贈答歌である。

Xの和歌は三句切れで、逐語訳は「夜中に吹く嵐につけて思うことだよ。都もこのように秋は寂しいのかと」である。詞書と下の句から、後徳大寺左大臣は嵐の激しい山里に住んでいて、和歌を贈った相手の前中納言顕長は都にいるということがわかる。「夜半に吹く嵐」は「夜中に吹く嵐（＝激しい風）」という意味でしかないので、この「嵐」は掛詞ではない。

Yの和歌では、「あき」と「あらし」が平仮名表記になっていることにも注目しよう。Xの和歌と同様の「秋」と「嵐」の意であることは確かだが、Xの和歌で、「（あなたのいる都も）寂しいのか」と気遣われたことに対する返歌であることをふまえると、心情に関わる意味として、「飽き」と「あらじ」の意もとらえることができる。

和歌の掛詞は、〈景〉（＝景物）と〈情〉（＝心情）の意味を掛ける組合せが定番である。

Yの和歌も、〈景〉について、「世の中で秋が終わったので、都でも今は嵐の音ばかりがする」という意味と、〈情〉について、「世の中をすっかりいやになったので、都にももういるまいという思いばかりがする」という意味が成立する。

①は、Xの和歌の「嵐」を掛詞と考えている点が間違っている。

②は、「どれほど寂しい思いがするか、都に住んでいた頃には想像もしなかった」という解釈と、「…山里とは対照的な都の穏やかさ」という説明が間違っている。第三句末の「かな」は詠嘆の終助詞、第四句末の「や」は疑問の用法で、後徳大寺左大臣は、「（あなたのいる都でも秋は）寂しいのかと（私は）思うことだよ」と、前中納言顕長のいる都に思いを馳せているのである。

③は、詞書と和歌の内容を正しく読み取っている。逐語訳としては三句切れの和歌であるが、内容的には、「夜半に吹く嵐につけて」「都もかくや秋は寂しき」ということを「思ふ」と解釈することができる。これが一つ目の正解。

④は、Yの和歌の「あらし」が掛詞であるという理解は正しいが、「都にも…あらし」を「都では嵐が吹くことなどないだろう」と解釈している点が間違っている。⑤で生徒Eが指摘しているように、「都にも」の「も」は並立を表すので、後徳大寺左大臣のいる山里と同様に、前中納言顕長のいる都でも嵐が吹いているということである。

⑤は、Xの和歌についての理解もYの和歌についての理解も間違っている。

⑥は、「あき」と「あらし」の掛詞を正しく理解し、〈景〉と〈情〉の両面から和歌の内容を適切に解釈できている。これが二つ目の正解。

第7問 『宇津保物語』

解答

設問	配点	解答番号	正解	自己採点欄
1	各4点	1	③	
		2	④	
		3	②	
2	5点	4	④	
3	7点	5	③	
4	7点	6	④	
5	7点	7	③	
	7点	8	①	
合計				／45点

訳例

こうして、八月中旬頃に、時の太政大臣が、御祈願があって、賀茂神社に参詣なさったが、舞人や、陪従が、いつものしきたりであるので、たいそう盛大で、この俊蔭の家の前を通って参詣なさる。舞人や、陪従が盛大で、先払いの者も数えきれないほど通り過ぎなさるのを見るということで、（俊蔭の娘が）壊れている蔀のそばに立ち添って見ると、音楽を奏でる人や、御車などが通り過ぎて、少し後に、こちらも先払いの者が声を上げて、年齢が二十歳ほどの男と、まだ十五歳ほどで宝玉が光り輝くように美しい童髪の少年が、御馬に付き従う者を多く連れてお通りになる。童髪の少年はこの大臣殿の御四男にあたりなさる。父の大臣が、この上なくかわいがりなさって、ほんの少しの間もお目をお離しにならない御子であった。若小君と申し上げた。この家の垣根越しに、たいそうすばらしく色美しい薄が、折れるほどに招くように揺れる。前をお歩きになっている人（＝若小君の兄）が、「不思議なほど招く所だなあ」と言って、

　吹く風が招くのであるに違いない。花薄を私を呼ぶ人の袖と見たのは。

と詠んで、お通りになる。若小君は、

出典

『宇津保物語』 平安時代の作り物語 **作者** 未詳

『源氏物語』に先行する物語の一つで、作者は源順かとされるが未詳。ある遣唐使が漂着した異国で琴の秘曲を伝授されて帰国したところから、それを継承した息子たちが数奇な運命をたどっていくさまが二十巻にわたって描かれている。日本初の長編物語作品とされ、家族・恋愛・政争などのさまざまな要素が盛り込まれている。

『古今和歌集』 平安時代の勅撰和歌集 **編者** 紀貫之ら

最初の勅撰和歌集で、醍醐天皇の命により、紀貫之・紀友則・凡河内躬恒・壬生忠岑が撰進した。「たをやめぶり」と称される繊細優美な歌風が特徴とされる。

見る人が招いているのだろう。花薄は自分の袖とは言わないけれども。

と詠んで、近寄りなさって、（薄を）折りなさると、この女（＝俊蔭の娘）が見える。「（このようなみすぼらしい家にいるのは）不審なほど、すばらしい人だなあ。心細い様子の生活をしているなあ」と（思って）御覧になると、（娘が）歩いて（奥に）入る後ろ姿は、変化（へんげ）の者というわけでもない。若小君は、しみじみ心打たれると思って御覧になるけれども、一人で行く道中でもないので、気持ちを抑えて通り過ぎなさった。

こうして、御社（みやしろ）に到着し申し上げなさって、神楽（かぐら）を奉納しなさると、若小君は、「昼見かけた人は、何者であるだろうか。どうにかして見よう」とお思いになって、夕暮れ時にお帰りになる際に、人よりも後に立って、すべての人がすっかり通り過ぎた後で、若小君は、あの家の秋空がひっそりしている中で、見回して御覧になると、野原の藪（やぶ）のように不気味な様子ではあるけれども、風流心のあった人が、時を惜しまずに丹精込めて造った所であるので、木立（こだち）をはじめとして、水が流れている様子や、草木の姿などが、風情があって見応えがある。蓬（よもぎ）や、葎（むぐら）の中から、秋の花がわずかに咲き始めていて、池の広い水面に月が趣深く映っている。恐ろしいという気もせず、趣深い所を分け入って御覧になる。秋風は、河原から吹いてくる風と一緒になって強く、草むらに虫の声が乱れて聞こえる。月は陰りなくしみじみ美しい。人の声は聞こえない。このような所に住んでいるような人に思いを馳せて、一人言で、

虫さえもたくさんは声を上げない雑草の茂る家に一人で住んでいるような人を思う。

と詠んで、深く草を分けてお入りになって、建物のそばに近寄っていらっしゃるけれども、人も見えず、ただ薄だけが、たいそう風情ある様子で招くように揺れる。隅から隅まで見えるので、さらに近くお寄りになる。東に面した格子（こうし）を、一枚上げて、琴をひっそりと弾く人がいる。（若小君が）近寄りなさると（その人は奥へ）入ってしまった。（若小君は）「あかなくにまだきも月の」などとおっしゃって、簀子（すのこ）の端にお座りになって、「このような所に住んでいらっしゃるのは、誰か。名乗ってください」などとおっしゃるけれども、答えもしない。中が暗い様子なので、入ってしまった方も見えない。月がだんだん沈みかけて、

立ち寄ると見ているうちに月が沈むようにあなたが奥へ入ってしまったので、（あなたの）姿をあてにした私はつらい。

また、

（月が）沈んでしまったので光も残らない山の入口で宿がわからなくなって嘆く旅人のように、あなたが奥へ入ってしまったので姿も残らないここでどうしてよいかもわからなくなって嘆く私だ。

問5『古今和歌集』

惟喬親王（これたかのみこ）が狩をした供として参上して、宿に帰って、一晩

中酒を飲み世間話をしたところ、十一日の月もまさに沈もうとした時に、親王が酔って奥の部屋へ入ってしまおうとしたので、詠みました歌

満足するほど見てもいないのに、早くも月が沈むのか。山の稜線が逃げて沈ませないでもいてほしい。（もっと御一緒したいのにもう親王は奥の部屋へお入りになるのか。どうにかして入らせないでほしい。）

解説

問1

(ア) **正解＝③**

「いかめしう」は、**立派で威厳がある様子を表す形容詞「いかめし（厳めし）」**の連用形「いかめしく」の語尾がウ音便化したもので、ここでは、賀茂神社に参詣する太政大臣の一行の非常に盛大な様子を言っている。

(イ) **正解＝④**

「聞こえ」は、ヤ行下二段活用動詞「聞こゆ」の連用形。**「聞こゆ」は、①（音声が）聞こえる、②噂になる・評判である、③（「言ふ」の謙譲語として）申し上げる、④（謙譲語補助動詞として）～申し上げる**という訳し方があるが、ここでは、太政大臣の四男である少年のことを、皆が「若小君」と「言ふ（＝呼ぶ）」ということを、その若小君への敬意を示しつつ述べたもので、③の「言ふ」の謙譲語にあたる。

敬語の解釈問題は、敬語の種類と動作に注意しよう。傍線部の語とともに、選択肢の現代語の表現についても、敬語の有無や種類をしっかり見極める必要がある。

❶の「言います」は「言う」を丁寧表現にしたもの、❷の「おっしゃる」は「言う」の尊敬語、❸の「うかがう」は「聞く」や「訪れる」の謙譲語、❺の「お聞きになる」は「聞く」を尊敬表現にしたものである。

(ウ) **正解＝②**

「いかで」は、手段や方法についての疑いを表す副詞で、疑問（「どうして～か」）、反語（「どうして～か、いや、～ない」）のほかに、願望・意志・命令を表す文で「どうにかして（～したい・～しよう・～せよ）」と訳す願望の用法がある。傍線部(ウ)は、昼間目にした女性は誰であろうかと興味を持っている若小君の心内文で、末尾の助動詞「む」は意志を表しているので、「いかで」は「どうにかして」と訳す。

問2　正解＝④

❶ aの「る」は尊敬の助動詞「る」ではない。「立ち給へる」は、タ行四段活用の動詞「立つ」の連用形「立ち」＋ハ行四段活用の動詞で尊敬の補助動詞の用法の「給ふ」の已然形（命令形とする説もある）「給へ」＋存続の助動詞「り」の連体形「る」という構成で、aは「先にお立ちになっている人」

という意味である。

② 「かな」は疑問ではなく詠嘆の終助詞で、**b**は「心細い様子の生活をしているなあ」という意味である。

③ **c**の「し」は助動詞ではなく強意の副助詞である。「道にしあらねば」は、名詞「道」＋断定の助動詞「なり」の連用形「に」＋強意の副助詞「し」＋ラ行変格活用の動詞「あり」の未然形「あら」＋打消の助動詞「ず」の已然形「ね」＋順接確定条件の接続助詞「ば」という構成で、**c**は「一人で行く道ではないので」という意味である。

④ 「住むらん人」は、マ行四段活用の動詞「住む」の終止形「住む」＋現在推量（現在の婉曲）の助動詞「らん（らむ）」の連体形「らん」＋名詞「人」という構成で、**d**は「一人で住んでいるような人」の意。この和歌は若小君が詠んだもので、全体の訳は「虫さえもたくさんは声を上げない雑草の茂る家に一人で住んでいるような人を思う」となる。結句は係助詞「こそ」とハ行四段活用の動詞「思ふ」の已然形「思へ」で係り結びが成立している。「らん」の文法的説明と、「邸に一人で住んでいる女の寂しい暮らしぶりを推察する表現」という説明はともに適当なので、これが正解。

⑤ **d**の「れ」は助動詞ではない。「見ゆれば」は、ヤ行下二段活用の動詞「見ゆ」の已然形「見ゆれ」＋順接確定条件の接続助詞「ば」という構成で、**d**は「（周囲の様子が）隅から隅まで見えるので」という意味である。

問3　正解＝③

和歌の句切れや内容についての説明。和歌**A**は「先に立ち給へる人」（＝若小君の兄）が、和歌**B**は「若小君」が、通りかかった家で薄が揺れているのを見てそれぞれ詠んだものであることをふまえ、選択肢を見ていこう。

和歌の句切れは、終止形・命令形・係り結びの結び・終助詞などによって、和歌の途中の句で文末の形になっている部分である。句切れがある歌は、複数の文から一首が成り立っている場合と、一文が倒置されている場合とがある。

① 和歌**A**は、助動詞「べし」の終止形「べし」で二句切れとなっている。結句の「袖と見つるは」は文末表現ではなく、一首全体を見ると、「花薄われ呼ぶ人の袖と見つるは」「吹く風のまねくなるべし」という順でつながる一文をなしていて、「花薄を私を呼ぶ人の袖と見たのは、吹く風が招くのであるに違いない」と解釈できるので、初・第二句と第三・第四・結句が倒置されているものと判断できる。

和歌**B**は、助動詞「らむ」の終止形「らむ」で二句切れとなっている。結句の「言はぬものから」は文末表現ではなく、一首全体を見ると、「花薄わが袖ぞとは言はぬものから」「見る人のまねくなるらむ」という順でつながる一文をなしていて、「花薄は自分の袖とは言わないけれども、見る人が招いているのだろう」と解釈できるので、初・第二句と第三・第四・結句が倒置されているものと判断できる。①の説明は適当である。

② 和歌A・Bに共通して「花薄」「まねく」と詠まれているのは、通りかかった家の垣根の「尾花（＝花薄）」が風に揺れる様子を、あたかも人が誰かを手招きしているようだと喩えたものである。②の説明は適当である。

③ 和歌Aの「われ呼ぶ人」の逐語訳は「私を呼ぶ人」で、「花薄われ呼ぶ人の袖と見つる」は、風で揺れている「花薄」を、自分たちを呼んで手招きしている誰かの袖のように思ったと表現したものである。「若小君の兄が」「呼びかけた」のではない。③の説明は不適当である。これが正解。

④ 和歌Bの「わが袖ぞとは言はぬ」の「袖」は、和歌Aの「呼ぶ人の袖」と同じく、揺れている薄を、若小君たちを手招きしている袖のようだと喩えたものである。「わが袖ぞとは言はぬ」は、「(花薄は) 自分の袖だとは言わない」ということで、和歌Bは、邸に住む人が自分は誰それだと名乗りはしないけれども、通りかかった若小君たちを招いているかのようだと詠んでいる。詠み手の若小君の立場から言えば、邸の中の人が誰かがわからないということなので、④の説明は適当である。

問4　正解＝④

若小君の心情や行動について、本文の内容と選択肢を照らし合わせて検討しよう。

① 本文3行目「立ち後れて」は、舞楽を行う者たちや牛車よりも少し後に、二十歳ぐらいの男と若小君が多くの従者を伴って通って行ったということなので、「参詣の行列から遅れてしまった」というわけではない。本文5行目「片時御目をはなち給はぬ御子なりけり」は、若小君の父大臣が常に若小君から目を離さないほど若小君を大切にしているということなので、「いつも監視の目を光らせている」という説明は間違っている。さらに、若小君が「父に叱責されるのではないかと恐れた」という内容はまったく書かれていない。

② 「通りすがりの邸」の「薄を折り取った」ことは、10行目「…折り給ふ」までの内容として正しいが、「立ち寄り給ひて」とあるように、若小君は垣根のそばに近付いただけで、「断りもなく入り込ん」だわけではない。また、「この女の見ゆ。『あやしく、…』と見給ふ」は、邸に住む女の姿が見え、若小君はその女に興味を抱いたということなので、「見咎められ、たいそう気まずく思った」という説明は間違っている。

③ 本文11行目「うち歩み入る後ろ手」は、「(奥の部屋に) 歩いて入る (女の) 後ろ姿」のことで、「女が自分の後をつけて来る」のではなく、若小君が「身の危険を感じた」という内容も書かれていない。本文11行目「若小君、あはれと見給へ」は、若小君は、変化の者でもない普通の女が荒れた邸に住んでいることにしみじみ心打たれたということで、「変

化の者ではないとわかって安心した」わけではない。

④　本文12～13行目「暗く帰り給ふに、…、見めぐりて見給へば」の内容に合致している。これが正解。

問5

設問文にあるように、**【資料】**の和歌は、本文の二重傍線部「あかなくにまだきも月の」の引き歌となっているものである。

引き歌とは、有名な古歌の一部を引用し、その時の当事者の状況や心情がまさにその古歌に詠まれたもののようであるということを示す表現である。

(i)　**正解＝③**

【考察】は、**【資料】**の詞書（ことばがき）の二箇所について、それぞれが和歌の「あかなくに」に対応していることを確かめた上で、「山の端逃げて入れずもあらなむ」の内容理解をまとめたものである。

和歌の「あかなくに」について、まず、詞書に「十一日（とをかあまりひとひ）の月も隠れなむとしける」とあることから、月が沈むのを物足りなく思う気持ちを表しているという読み取りが示されている。これは、和歌の「まだきも（＝早くも）月の隠るるか」に直接対応するものでもある。次に、詞書の「親王酔（ゑ）ひて内へ入りなむとしければ」に注目し、「あかなくに」が親王のどのような様子に対して物足りなく思うのかを考察した結果が、空欄［X］である。「親王」「内へ入りなむとし」は、「親王が奥の部屋へ入ってしまおうとする」という意味で、月が隠れて見えなくなるように、親王が奥の部屋へ入ってその場からいなくなることに対して、「あかなくに」と詠んだものであると考えることができる。「まだきも月の隠るるか」は、親王が早くも奥へ入ってしまうことを、月が沈む様子に見立てているのである。

詠もうとする事柄を別の何かに喩えることを「見立て」と言い、自然の風物などの〈景〉の言葉が、人物や心情などの〈情〉の見立てになっていることが多い。地の文や詞書に書かれている詠み手の状況や心情を手がかりに、直接詠まれている景物が何を見立てたものかを把握することが、和歌の理解への大きなポイントになる。

【資料】の「あかなくに…」の和歌は三句切れで、逐語訳は「満足できないのに早くも月が沈むのか。山の稜線が逃げて沈ませないでもいてほしい。」である。詞書の内容は、在原業平が惟喬親王のお供で狩をして宿に帰り、宴を楽しんでいた夜に、月が沈みかけ、親王も奥の部屋へ入ろうとした際に詠んだというもので、「あかなくにまだきも月の隠るるか」は、月が沈むのを惜しむ〈景〉の意味に重ねて、親王を月に見立て、親王が奥の部屋へ入るのを惜しむ〈情〉の意味が詠まれている。空欄［X］には、「親王が奥の部屋へ入ろうとする」という説明が当てはまる。

それをふまえて、和歌の下の句「山の端逃げて入れずもあらなむ」に込められた〈情〉の意味を考察した結果が、空欄 Y に入る。山の稜線が逃げるのはあり得ないことだが、そうでもして月を沈ませないでほしいと思うほどに、どうにかして親王が奥の部屋へ入るのを防ぎたいと思うということで、空欄 Y には、「どうにかして親王をこの場に引き留めたい」という説明が当てはまる。

(ii) **正解＝①**

本文の和歌C・Dは、若小君が、縁側近くで琴を弾いていた女が奥へ入ってしまったことを嘆いて詠んだものである。

和歌C「立ち寄ると…」の逐語訳は「立ち寄ると見ているうちに月が沈んだので、姿をあてにした人がつらい。」で、女を月に見立て、せっかく見ていた女の姿が見えなくなってつらいという気持ちを詠んでいる。

①に挙げられている二重傍線部の前の「立ち寄り給へば」は、琴を弾く女の方に若小君が近寄って行ったということで、和歌Cの「立ち寄ると」に対応している。「立ち寄り給へば」の後の「入りぬ」は、若小君に気付いた女が奥に入ってしまったということであり、②に挙げられている和歌Cの「月の入りぬれば」は、女が奥に入ったことを、月が沈む様子に見立てたものである。和歌Cの「影をたのみし人ぞわびしき」は、女の姿をあてにしていた自分はつらいということ。和歌Cについての①の説明は適当である。②は、和歌Cの「月の入りぬれば」について、「自分がこの邸に入り込んだという意味があり」としている点が間違っている。

和歌D「入りぬれば…」の逐語訳は「(月が)沈んでしまったので光も残らない山の入口で宿がわからなくなって嘆く旅人。」で、女を月に、自分を旅人に見立て、女が奥へ入ってしまったのでどうすればよいかわからず嘆く自分だと詠んでいる。

③・④は、ともに、女が詠んだ和歌として説明している点が間違っている。③に挙げられている和歌Dの「影も残らぬ山」は、女の姿が見えなくなった様子を、若小君の視点から詠んだものである。④に挙げられている「宿まどはして嘆く」は、詠み手の若小君が、途方に暮れて嘆いている自分自身の様子を詠んだものである。

薄は招く

薄は、秋の七草（萩・尾花〈＝薄〉・葛・撫子・女郎花・藤袴・桔梗）の一つで、古来から和歌にも多く詠まれてきました。問題文の歌のように、風に揺れる薄を、人が手招きして誰かを呼ぶ様子に見立てた歌に、

さらでだに心のとまる秋の野にいとども招く花薄かな

（そうでなくてさえも心が留まる秋の野で、さらにも招く〈ように揺れる〉花薄だなあ。）

『後拾遺和歌集』〈秋〉源師賢

などがあります。次の歌では、風に吹かれてなびく様子が、人が何かに引き寄せられていく様子に見立てられています。

秋の野の尾花が末の生ひ靡き心は妹に寄りにけるかも

（秋の野の尾花の先が伸びてなびくように、心はあなたに寄ってしまったことだよ。）

『万葉集』〈相聞〉柿本人麻呂

また、白い小さな綿毛の花（＝花穂）が毛羽立つように茎の先を覆って咲くことから、はっきりと示したり態度に出したりすることの見立てとして、「穂に出づ」という表現も定番です。

逢ふことをいざ穂に出でなん篠薄忍びはつべきものならなくに

（逢瀬を、さあ世間にはっきり示してしまおう。〈花穂を出す〉篠薄のように、隠し通すことができるものではないから。）

『後撰和歌集』藤原敦忠

さらに、次の歌では、「招く」と「穂に出づ」の両方が詠み込まれています。

秋の野の草の袂か花薄穂に出でて招く袖と見ゆらむ

（秋の野の草の袂か〈＝美しい着物のように見える秋の野の草にとっては、花薄はその袂なのか〉。〈だから〉花薄がはっきり態度に出して招く袖と見えているのだろう。）

『古今和歌集』〈秋歌上〉在原棟梁

薄に限らず、植物の形状や性質を人の有様に見立てた歌は、古典文学に非常に多く見られます。四季折々の自然の風物を身近なものとして楽しみ、よく観察して、自分たちの心情や行動になぞらえて親しんできた古代の人々の風流な感性がうかがえますね。

第8問 『落窪物語』

解答

設問	配点	解答番号	正解	自己採点欄
1	各4点	1	①	
		2	②	
		3	④	
2	5点	4	①	
3	7点	5	③	
4	各7点	6	②	
		7	④	
		8	③	
合計				／45点

出典

『落窪物語』　平安時代の伝奇物語　作者 未詳

継母に虐待される薄幸の女君が、左大将の子息に救われて幸福になるという継子(ままこ)いじめの物語。世界的に流布するシンデレラ型の継子いじめという類型的な話型を枠組みとしつつも、写実的な筆致で当時の貴族社会を描写し、『源氏物語』以降の文学に大きな影響を与えた。

訳例

大傘を傾けて、傘にしがみついて糞(くそ)の上に座っている様子を、松明(たいまつ)の火に息を吹きかけて（明るくして様子を）見て、「指貫(さしぬき)を着ていたなあ。身分の低い者が、愛する女のところに行くのだろう」などと、口々に言って、立ち去りなさったので、立ち上がって、「衛門督(えもんのかみ)がいらっしゃるのであるようだ。私を嫌疑の者と思って捕らえるのかと思ったので、死ぬほど驚いた。私を、『足白き盗人』と名を付けたのは、おかしかった」などと、ただただ二人で語りあってお笑いになる。「ああ、ここから帰ってしまおう。糞が付いてしまった。たいそう臭くて、行ったならば、かえって嫌がられてしまうだろう」とおっしゃると、帯刀(たてわき)が、笑いながら、「このような雨に、こうしていらっしゃったならば、（少将様の）御愛情をうれしくお思いになるような人は、きっと麝香(じゃこう)の香りにも嗅ぎ取り申し上げなさるだろう。自邸はたいそう遠くなってしまった。行く先は、たいそう近い。やはりいらっしゃるのがきっとよいだろう」と言うと、「これほど愛情深い様子で一心に来て、無駄にすることができるだろうか」とお思いになって、いらっしゃった。

門をやっとのことで開けさせて、お入りになった。

帯刀の部屋で、まずは、「水」ということで、御足をきれいにさせる。また帯刀も洗って、「夜明け前には、たいそうはやく起きろ。まだ暗いような間に帰ってしまおう。とどまっているとができそうもない。たいそうみっともない姿であるに違いない」とおっしゃって、格子をひそやかに叩きなさる。

女君は、今夜来ないのを薄情だと思うのではなくて、「すべてが漏れ聞こえるならば、どのように北の方がおっしゃるだろうか。世の中がすべてつらいこと」。思い乱れて、泣いて横たわっていらっしゃる。あこきは、考えて準備した甲斐がないように思って、（女君の）御前に寄り添って横になっていると、ふと起きあがって、「どうして、御格子が鳴るのか」と思って近寄ったところ、「上げろ」とおっしゃる声に驚いて、（格子を）引き上げたところ、入っていらっしゃる様子は、雫が垂れるほどである。「徒歩でいらっしゃったのであるようだ」と思うと、すばらしくしみじみしたことはこの上なくて、「どうしてこのようには濡れていらっしゃるのか」と申し上げると、「惟成が、『（妻のあこきの）咎めが重い』とつらがったのが気の毒で、くくりを脛まで上げて来た時に、倒れて土が付いてしまっている」と言って（指貫を）お脱ぎになるので、女君のお着物を取って着せ申し上げて、「干しましょう」と申し上げるので、（御衣も）お脱ぎになった。女（君）が横たわっていらっしゃるところに近寄りなさって、「これほどかわいそうな様子で来たということで、（私を）ぎゅっと抱きしめなさるならばよいだろうが」と言って、手探りなさると、（女君の）袖が少し濡れているので、男君は、（自分が）来なかったのを（女君が）思って（泣いて）いたのもしみじみいとしくて、

　どのようなことを思っている様子の袖であるだろうか。

とおっしゃると、女君は、

　（自分の）身のほどを知る雨の雫であるに違いない。（あなたに愛されていない自分だと知って流れる涙であるに違いない。）

とおっしゃるので、「今夜は、（あなたが）自分の身のほどを知るのならば、まったくこれほどに〔＝雨の中をずぶぬれになって私が会いに来るほどに〕（あなたは愛されていますよ）」と言って（一緒に）横になりなさった。

問4

二条邸に（帰って）いらっしゃったところ、雪が降るのを邸の中から見て、火桶に寄りかかって、灰をまさぐって座っていらっしゃる様子が、たいそうかわいらしいので、向かいにお座りになった時に、

　（私が）はかなく消えてしまったならば、（あなたを）思っても、

と書くのを、しみじみいとしく御覧になる。本当にとお思いになって、男君が、

　（あなたへの思いを）口に出さないで恋の火に焦がれていただろう。

と言って、すぐに、また男君は、

　埋み火が消えずに残っているように、あなたが生きていてうれしいと思うので、私の懐に抱いて寝る。

と言って、抱きしめて横におなりになった。

解説

問1

(ア) **正解＝①**

尊敬語「思（おぼ）す」が正しいのが、①・③・④。婉曲の助動詞「む」が正しいのが、①・②・⑤である。③・④「ないような」は打消の訳語が含まれており、間違い。**「志」は、「心を向けるところ・心を寄せること」という意味なので、文脈によっていろいろな訳し方がある。**

(イ) **正解＝②**

「かち（徒・徒歩）」は、乗り物に乗らず、歩いて行くこと。徒歩。「より」は手段・方法を示す格助詞。したがって、「かちより」で、「徒歩で・歩いて」の意味。

(ウ) **正解＝④**

「かいさぐる（掻い探る）」は、「指先などで触って、さがし求めたり、調べたりする」の意味。「かい」は接頭語。尊敬の補助動詞「給ふ」はすべての選択肢に反映されている。

問2　正解＝①

① 「おはする（尊敬・動詞・サ変・連体）＋な（断定・助動詞・連体）＋めり（推定・助動詞・終止）」。**「なめり」の「な」は、断定の助動詞「なり」の連体形「なる」の撥音便「なん」の、撥音「ん」の表記されない形。**「なめり」は、「なンめり」と読んで、「～デアルヨウダ」と訳す。ここは、検非違使たちが立ち去った後で、「あの検非違使たちの中に、衛門督がいらっしゃるのであるようだ」と、少将が話している場面である。これが正解。

② 「おはしまし（尊敬・動詞・四段・連用）＋な（強意・助動詞・未然）＋む（適当・助動詞・終止）」。「動詞の連用形＋なむ」の形は、「な（助動詞）」＋「む（助動詞）」である。「む」の用法は、文脈から判断するが、ここでは、適当（～がよい・よいだろう）・勧誘（～てはどうか）。相手にアドバイスをしたり、何かを勧めたりするときの用法である。ここでは、もう女君のところへは行かずに帰ろうとする少将に対して、「いらっしゃるのがきっとよいだろう」と帯刀が勧めている。

③ 「暗から（ク・形容詞・未然）＋む（婉曲・助動詞・連体）」。形容詞の直後に助動詞が付く時には、原則として、補助活用（カラ・カリ・カル）を用いる。ここでは助動詞「む」が付いているので、未然形「暗から」になっている。**波線部cの連体形の「む」は、婉曲（～ような）・仮定（～としたら、その）の用法。**この連体形「む」の後に、「時間・間・うち」などを補って訳し、「暗いような間」などの意味である。女君の邸にはやって来たが、自分のみじめな格好に気が引けて、「翌朝は、暗いような間に帰っ

てしまおう」と少将が言っている場面。

④「今宵(名詞)＋来(動詞・カ変・未然)＋ぬ(助動詞・打消・連体)」。波線部**d**の後が格助詞「を」なので、その前の「ぬ」は連体形である。連体形が「ぬ」になるのは、打消の助動詞「ず」。打消の助動詞の前なので、「来」は未然形であり、「こ」と読むことがわかる。ここでは、女君が、「(少将が、結婚三日目の)今夜来ないこと(を薄情だと思うのではなくて)」の意味。返事が来ないことではない。

⑤「臥し(動詞・四・連用)＋給へ(尊敬・動詞・四・已然)＋る(存続・助動詞・連体)」。「給へる」は、尊敬の補助動詞「給ふ」の已然形に、完了・存続の助動詞「り」の連体形が接続した形。謙譲の補助動詞の「給ふ」ではない。

謙譲の補助動詞「給ふ」には、次のような特徴がある。

① 下二段活用 | 給へ | 給へ | (給ふ) | 給ふる | 給ふれ | ○ |

② 会話文・手紙文中で用いる。

③「思ふ」「見る」「聞く」「知る」「おぼゆ」に接続する。

④ 主語は常に一人称(私)である。

波線部**e**は右記のどれにもあてはまっていない。この部分の「給へ」は四段活用の尊敬の補助動詞で、波線部**e**は、「(女君の)横たわっていらっしゃる(所に、少将が近寄りなさって)」の意味。

問3 正解＝③

①「恋の相手もいないのに」が間違い。本文1行目には「思ふ妻のがり(＝愛する女のところに)行くにこそ」とある。

② 本文15行目には、少将の発言の中に、「惟成が『勘当重し』とわびつるが苦しさに、くくりを脛に上げて来つる(＝惟成が、『〈妻のあこきの〉咎めが重い』とつらがったのが気の毒で、くくりを脛まで上げて来た)」とある。これは、「(ひどい雨で来ないつもりだったが、)帯刀が、『(今夜、妻のあこきのところに行かないと、)あこきの怒りがひどい』とつらそうにしたので、(帯刀が妻に怒られるのは)気の毒だと思って、(雨の中を無理をして)くくりを脛まで上げて(私も一緒にこちらの邸に)やって来た」ということで、来ないつもりであったがびしょ濡れで訪問したことについて、帯刀(＝惟成)を口実に使ったのであり、帯刀がそう言ったのではない。

③ これが正解。本文12行目には、「あこき、思ひまうけけるかひなげに思ひて、御前に寄り臥したれば(＝あこきは、考えて準備した甲斐がないように思って、〈女君の〉御前に寄り添って横になっている)」とある。ここまで女君と少将との結婚の準備を整えてきたのに、結婚が成立する三日目の夜になって、少将が来ないということがわかって、がっかりしている場面である。

④ 少将に衣を着せかけたり、衣を脱ぐようにと促しているのは、女君ではない。本文16行目の「女君の御衣を取りて着せ奉りて、『干しはべらむ』と聞こゆれば」の部分には尊敬語が用いられていないので、これは女房の「あこき」の動作である。

問4

(i) **正解＝②**

はじめに「五・七・五」の句を詠み、それに対して次に「七・七」の句を付ける連歌の形式で、女君と少将がやりとりをする場面である。女君の句に用いられている、「ましかば」は、反実仮想の助動詞「まし」の未然形（「已然形」とする説もある）に接続助詞「ば」がついた形で、文末の「まし」と呼応することが多い。ここでは、女君の句の「ましかば」と、少将の句の「まし」が呼応関係にあり、二つの句で一文になっている。

女君が「（私が）はかなく消えてしまったならば、（あなたを）思っても」と詠んだのに対し、少将が「（私はあなたへの思いを）口に出さないで恋の火に焦がれただろう」と答えている。二人の句をつなぐと一文になり、それぞれの立場から、相手のことを大切に思う気持ちが表現されている。

少将の句では、「こひ」が「恋（こひ）」と「火（ひ）」の掛詞になっている。このように、**掛詞には二つの言葉の音数が合わないものもある**ので、注意しよう。

(ii) **正解＝④**

本文中の連歌のやりとりでは、まず少将が、女君の袖が少し濡れているのに気がついて、「来ざりつるを思ひけるもあはれにて（＝少将が来なかったことを女君がつらく思ったのもしみじみいとしくて）」、「どのようなことを思っている様子の袖であるだろうか。」と詠みかけている。すると女君が、「自分の身のほどを知る雨の雫であるに違いない。」と答えている。これは、「新婚三日目の夜に夫が来てくれないことで、自分は愛されていないと知り、そのために流れる涙であるに違いない」ということである。平安時代、貴族社会において主流を占めたいわゆる**婿取り婚の婚儀では、はじめて契りを交わしてから、男が女のもとへ続けて三日間通うことで正式の結婚となった**ので、結婚において、三日目は重要であった。その三日目に、大雨とはいえ、少将が来ないということがわかり、女君は、愛されていない自分の身のほどを痛切に感じて涙を流していた、と答えているのである。

少将の句が質問の一文であり、女君の句がそれに対する答えの一文になっている。

この後、この女君の句を受けて、少将は、「今夜は、（あなたが）自分の身のほどを知るのならば、まったくこれほどに（あなたは愛されていますよ）」と女君に言って、共に寝床に入っている。④が正解。

①少将が話題にしたのは女君の袖である。②女君は、少

将の質問をはぐらかさずに答えた。③少将の質問の内容も女君の答えの内容も間違っている。

(iii) **正解＝③**

少将の和歌の現代語訳は「埋み火が消えずに残っているように、あなたが生きていてうれしいと思うので、私の懐に抱いて寝る。」である。

火鉢の灰の中に火のついた炭を埋めておくと、種火として保管しておくことができる。灰で覆って酸素の供給を少なくすることで燃え尽きないようにして、ほんの少し火が付いたままで残せるのである。次に使うときには、炭の上の灰をかき分けてとりのぞくと、種火に酸素が供給されて、ふたたび火が熾る。この埋めておいた火を「埋み火・埋け火」という。炭を初めから熾すのは面倒であるために、こうして種火を残しておいたのである。一般家庭でも、昭和の中ごろあたりまでは火鉢を使っていたため、一般的な言葉であったが、今では、あまり使わなくなってしまったので、知らない人が多いだろう。

前置きが長くなったが、つまり、少将の和歌の「埋み火」は、女君が寄りかかって、手慰みに灰をまさぐっていた「火桶（＝火鉢）」からの連想で、縁語的に使われている。また、「いきてうれし」は、「火が生きていて（＝火が消えていなくて）うれしい」ということと、女君の句の「はかなくて消えなましかば（＝私がはかなく死んでしまったならば）」の部分を受けて、「あなたが生きていてうれしい」と伝えているのである。そして下の句で、「私の懐に抱いて寝る」と詠んだ通り、次の行では「かきいだきて臥し給ひぬ」と、共寝している。③が正解。

① 女君の句の「消え」、少将の句の「ひ（火）」「こがれ（焦がれ）」、少将の和歌の「埋み火」は、いずれも、女君が寄りかかっていた「火桶」からの連想である。したがって、前半は間違いともいえないが、後半の和歌の内容が間違っている。

② 母音のイ音と響きの鋭さは直接には関係しない。また和歌の内容は、女君への少将の愛情を大らかに述べたものであり、それも鋭さとは結びつかない。

④ 「埋み火」の温度と女君の性格を結びつけることには無理があり、後半の和歌の内容も間違っている。

第9問

『紫式部日記』

解答

設問	配点	解答番号	正解	自己採点欄
1	各4点	1	①	
		2	⑤	
		3	④	
2	5点	4	④	
3	7点	5	②	
4	各7点	6	③	
		7	①	
		8	③	
合計			／45点	

訳例

日が暮れるにつれて、奏楽がたいそうおもしろい。上達部が、（天皇の）御前に伺候なさる。（舞人たちが）万歳楽、太平楽、賀殿などという種々の舞を（舞い）、（舟に乗った楽人たちが）長慶子の曲を退出音声で演奏しながら、（その舟が）（庭の）築山の先の水路を巡る間に、（舟が）遠くなっていくにつれて、笛の音も、鼓の音も、松風も、深い木立の中で趣深く音色を響かせ合ってたいそう趣深い。たいそう多く（水の）満たされている遣水が、気持ちのいい様子で、池の水面の波がざわつき、なんとなく寒い時に、天皇が御袙をただ二枚お召しになっている。

出典

『紫式部日記』 平安時代の日記 **作者** 紫式部

一条天皇の中宮彰子（藤原道長娘）のもとに出仕した紫式部が、一〇〇八年秋から一〇一〇年正月に至るまでの見聞や感想を記した回想録。その間に親しい人にあてた手紙の体裁をとって女房生活を批評した消息文と呼ばれる部分が挿入されている。消息文の部分では、同僚の女房や清少納言・和泉式部などへの批評、自己の生きざまへの反省などが綴られている。

『栄花物語』 平安時代の歴史物語 **作者** 未詳

宇多天皇から堀河天皇まで、一五代二百余年の宮廷貴族社会の歴史を編年体で叙述したもの。中心は藤原道長の生涯を賛美するところにあり、彼の一家の栄華を記し、儀式、仏事、遊宴などを詳述する。多くの資料を用いて史実にもおおむね忠実であるが、政治の裏面で泣く女たちの姿も多く描くなど、物語的要素が強く、『源氏物語』の影響が著しい。正編の作者は赤染衛門とする説が有力。

筑前の命婦は、「故院が生きていらっしゃった時、この邸への行幸は、たいそうたびたびあったことである。その時、あの時」などと、思い出して言うのを、不吉（に涙をながすよう）なこともきっとあるに違いないようなので、面倒だといって、

（まわりの女房たちは）特に相手をせず、几帳を隔てているのであるようだ。「ああ、（その時は）どのようであったのだろうか」などとだけでも言う人がいるならば、（筑前の命婦は）涙を流してしまうに違いないようだ。

（天皇の）御前での管絃の御演奏がはじまって、たいそう趣深いところに、若宮のお声がかわいらしく聞こえなさる。右大臣が、「万歳楽が、お声に合って聞こえる」と、座を引き立て申し上げなさる。左衛門の督などが、「万歳楽、千秋楽」と、一緒に声を上げて朗詠して、（邸の）主人の道長殿は、「ああ、以前の行幸を、どうして面目があると（私は）思いましたのでしょうか。こんな（すばらしかった）こともございましたのになあ」と、酔って泣きなさる。言うまでもないことだけれども、御自分でも身に染みてお思いになるのが、たいそうすばらしい。

道長殿は、あちらにお出になる。天皇は（部屋に）お入りになって、（右大臣を）御前にお呼びになって、（右大臣が、昇進する人々の名簿の草案を）筆を取ってお書きになる。宮司や、土御門邸の家司のふさわしい人全員が、加階する。頭の弁を介して名簿の草案は天皇に奏上させなさるようだ。新しい宮の（御誕生の行幸による加階の）お礼に、（道長殿は）一族の上達部を引き連れて（天皇に）拝礼し申し上げなさる。藤原氏であるけれども家門が分かれている人は、（拝礼の）列にも立たなかったなあ。次には、別当になった右衛門の督（が拝礼の舞踏をし）、（次は）大宮の大夫よ。宮の亮や、加階した侍従の宰相や、つぎつぎの人が、（拝礼の）舞踏をする。（天皇が）中宮の御帳台にお入りになって時間も経たない時に、「夜がひどく更けてしまった。御輿を近づける」と（従者が）大声を出すので、（天皇は中宮の御帳台から）お出になった。

問4

「第一皇子がお生まれになった時は、すぐにも（様子を）見ず（話を）聞かなかったなあ。やはりどうしようもない。このような（政情に関する）ことには、ただ頼みになる人がいるようなことが、はかばかしく進むに違いないようだ。すばらしい国王の位であっても、後見となって引き立てる人がいないようなのは、どうしようもないはずのことだなあ」とお思いにならずにいられないことをはじめとして、（敦康親王の）将来までの御様子が次から次へとつい思われなさって、まずは人知れずしみじみとお思いにならずにいられなかった。

解説

問1

(ア) 正解＝①

本動詞「奉る」は、①「与ふ」の謙譲語、②「飲む・食ふ」「着る」「乗る」の尊敬語の二つの用法がある。 ここは、「すこし寒いので、上（＝一条天皇）が、袙をただ二枚奉りたり」という場面なので、衣服を着ることであるとわかる。③「お着せ申し上げた」は、「着せる」という使役の表現になっている点と、「お～申し上げる」という謙譲表現になっている点が間違い。

(イ) 正解＝⑤

「うちこぼす」は、「液体、粉末などを外に出す・こぼす」の意味。「うち」は接頭語。ここは、筑前の命婦が昔話をして泣きそうになっているのを、まわりの女房がもてあましている場面で、ここで「あはれ、いかなりけむ」と筑前の命婦に同調する人でもいるならば、命婦が「うちこぼしつべかめり」とあるので、ここで「うちこぼす」のは、涙であることがわかる。「べかめり」の「べか」は、当然の助動詞「べし」の連体形「べかる」の撥音便「べかん」の、撥音「ん」の表記されない形（第8問『落窪物語』問2参照）、「めり」は推定の助動詞の終止形。「べかめり」で「違いないようだ」と訳す。

(ウ) 正解＝④

形容動詞「さらなり」は、「言うまでもない・もちろんだ」 の意味。「言ふもさらなり」「言へばさらなり」の形で用いられるのが基本であるが、「言ふも」「言へば」が省略されて、「さらなり」だけで用いられることも多い。第2問の問1(イ)「おろかなり」と合わせて、覚えておこう。

問2 正解＝④

①「あり（動詞・ラ変・連用）＋ぬ（強意・助動詞・終止）＋べか（当然・助動詞・連体）＋めれ（推定・助動詞・已然）＋ば（接続助詞）」。この「ぬ」は連用形に接続しているので、助動詞「ぬ」の終止形であるが、直後が助動詞「べし」なので、強意の用法。「べかめれ」は、問1の(イ)の「べかめり」と同じ助動詞の組合せで、ここでは、「めり」が已然形になっている。現代語訳は、「きっとあるに違いないようなので」。

②「いかなり（ナリ・形容動詞・連用）＋けむ（過去の原因推量・助動詞・連体）」。「いかなり」は、「どのようだ・どうだ・どういうふうだ」の意味の形容動詞。終止形の用例はきわめて少なく、連用形「いかに」、連体形「いかなる」の用例が多い。現代語訳は、「どのようであったのだろうか」。

③「あひ（動詞・四段・連用）＋て（接続助詞）＋なむ（係助詞）」。この「む」は助動詞では

なく、係助詞「なむ」の一部。ここでは、接続助詞「て」に接続しており、結びの語が連体形「聞こゆる」になって係り結びが成立している。現代語訳は、「(お声に) 合って (聞こえる)」。

④「思ひ（動詞・四段・連用） + 給へ（謙譲・動詞・下二段・連用） + けむ（過去の原因推量・助動詞・連体）」。第8問『落窪物語』の問2の解説でも触れた、謙譲の「給ふ」がポイントである。助動詞「けむ」は連用形接続なので、この「給へ」は下二段活用の連用形であるとわかる。下二段活用の補助動詞「給ふ」は、自分または自分側にある人の動作を表す「思ふ」「見る」「聞く」「知る」「おぼゆ」などに接続して用いられる。丁寧語とする説もあるが、過去のセンター試験では、謙譲語として出題されたので、この問題集でも謙譲語としている。訳し方は、丁寧語のように「～です・ます」とする。したがって、この部分の語順通りの現代語訳は、「思いましたのでしょう（か）」。敬意の方向は、丁寧語と同じで、会話文の話し手から聞き手に対する敬意を表す。ここでは、話し手である「あるじのおほひ殿」から、聞き手である周囲の人々に対する敬意を表している。これが正解。

⑤「いと（副詞） + めでたけれ（ク・形容詞・已然）」。「めでたけれ」で一語の形容詞であり、「けれ」は助動詞ではない。品詞分解をする際には、まず用言を確認しよう。現代語訳は、「たいそうすばらしい」。

問3 正解＝②

①全体的に間違い。殿上人たちが、楽人に演奏を依頼したと書いている箇所はない。本文2～3行目に、「笛の音(ね)も、鼓の音(おと)も、松風も、木深く吹きあはせていとおもしろし」とあり、楽人たちの演奏に松風が趣深く音色を合わせて吹いたことが書かれている。「松風」とは、松の木に吹き寄せる風や、その風で松の葉が擦れて鳴る音で、松籟(しょうらい)ともいう。古典文学では、松風と音楽が響き合って美しい音を立てると表現されることが多い。

②これが正解。本文6行目に、「ゆゆしきこともありぬべかめれば、わづらはしとて、ことにあへしらはず、几帳(きちょう)へだててあるなめり（＝不吉なこともきっとあるに違いないようなので、面倒だといって、〈まわりの女房たちは〉特に相手をせず、几帳を隔てているのであるようだ）。」とあり、女房たちは、筑前の命婦に話しかけていない。（注5）にあるように、祝いの席などでは、涙は不吉なものとされているのに、筑前の命婦が昔話に感極まって泣き出すのではないかと心配して、まわりの女房たちは、わざと話しかけないようにしている。

③本文12行目には、「殿は、あなたに出でさせ給ふ。上は入(い)らせ給ひて、右の大臣を御前に召して、筆とりて書き給ふ。宮司(みやづかさ)、殿の家司(けいし)のさるべきかぎり、加階(かかい)す（＝道長殿は、あちらにお出になる。天皇は〈部屋に〉お入りになって、右

の大臣を御前にお呼びになって、〈右大臣が、昇進する人々の名簿の草案を〉筆を取ってお書きになる。宮司や、土御門邸の家司のふさわしい人全員が、加階する)。」とあり、中宮彰子が加階に関与したという記述はない。

④　本文15行目には、「宮の御かたに入らせ給ひてほどもなきに、『夜いたうふけぬ。御輿（みこし）寄す』とののしれば、出で（い）させ給ひぬ。(＝〈天皇が〉中宮の御帳台にお入りになって時間も経たない時に、『夜がひどく更けてしまった。御輿を近づける』と〈従者が〉大声を出すので、〈天皇は中宮の御帳台から〉お出になった)」とあり、天皇が、名残を惜しんだり、なかなか帰ろうとしなかったりしたという記述はない。

問4

(i)　正解＝③

『紫式部日記』で道長の様子が描かれている箇所は、本文9〜11行目「あるじのおほい殿、『あはれ、さきざきの行幸を、などて面目ありと思ひ給へけむ。かかりけることも侍りけるものを』と、酔ひ泣きし給ふ。さらなることなれど、御みづからも思し知るこそ、いとめでたけれ。」と、12〜14行目「殿は、あなたに出でさせ給ふ。……あたらしき宮の御よろこびに、氏の上達部ひきつれて拝し奉り給ふ。」である。前者は「今回の行幸は、以前の行幸以上に面目を施すすばらしいものであった」と酔って感激して涙を流し、行幸の栄誉を道長がかみしめている部分であり、選択肢③に合致する。

選択肢①・②にあたる記述は本文にない。④は後者の内容と合致しておらず、間違い。後者には、加階のお礼のために、道長が一門の上達部を引き連れて、天皇に拝礼し申し上げたことが書かれている。

(ii)　正解＝①

解説文に引用された『栄花物語』に書かれている道長の思いは、「かかる筋(＝政情に関すること)」について「頼もしう思ふ人」「後見もてはやす人」が重要だとしみじみ実感し、第一皇子である敦康親王の、後見人が亡くなっているという不運について、「なほずちなし」「わりなかるべきわざかな」と、気の毒だが仕方のないものと捉えているという内容である。したがって、①「宮中での後ろだてのない敦康親王の将来に思いを馳せる」が正しい。

道長は、敦康親王の「行末までの御有様ども」に思いを馳せて、気の毒がってはいるが、②「皇太子になる可能性を排除しよう」、③「敦康親王の将来に期待する」、④「陰ながら後見をしよう」などにあたる表現はない。

(iii)　正解＝③

適当でないものを選ぶ問題。解説文にもある通り、日記は、「筆者の私的な記録や心情表出の手段」であると同時に、「主人や主人の家を賛美する手段」でもあった。前者の側面を考えると、個人的な視点から周辺世界を捉えて書く日記におて、②のように自分と同じ立場の女房たちの言動を観察して記録したのも当然であろう。またその一方で、後者の側面から考えると、①や④のように、行幸での様子を事細かに記すのは、天皇を迎えて盛大な宴を開くことのできる道長一門の経済力や社会的影響力の大きさを、日記を読む人々に認知させるためであったといえる。したがって、①・②・④の内容は正しい。

本文に③「敦成親王の幼少時からの優秀さ」に言及した部分はない。本文で親王について書かれているのは、「若宮の御声うつくしう聞こえ給ふ」だけであり、声がかわいらしいのは「優秀さ」とはいえない。適当でないものとして③を選ぶ。

第10問 『古事談』『中外抄』『影と花 説話の径を』

解答

設問	配点	解答番号	正解	自己採点欄
1	各4点	1	①	
		2	⑤	
		3	②	
2	5点	4	⑤	
3	7点	5	②	
4	各7点	6	④	
		7	③	
		8	②	
合計			／45点	

訳例

【文章Ⅰ】

仏師定朝が弟子の覚助を絶縁して、家の中へも入れなかった。けれども母に会うようなために、定朝が、他所に出かけている間などには、（覚助は）こっそりと来ていた。定朝は、左近衛府に陵王の面をお作り申し上げよという、御命令が下されることによって、真心を込めて作り上げて、気に入って居間の前にある柱に掛けて置いていたのを、父が、他所へ出かけている間に覚助が来ていた時に、この面を取り降ろして見て、「ああ、情けないことよ。この程度で献上なさっていたならば、あきれ果てたことだろうに」と言って、腰刀を抜いて無遠慮に削り直して、元の通りに柱に掛けて、立ち去り帰ってしまった。定朝が、帰ってきてこの面を見て言うことは、「この馬鹿者が、やって来て入っていたなあ。親不孝者が、（私が）他所へ行っ

出典

『古事談』 鎌倉時代の説話集 **編者** 源顕兼

藤原氏全盛時代の宮廷や貴族、僧侶の説話を多く収録。先行文献の引用が多い。『宇治拾遺物語』などの他の説話集への影響も見られる。

『中外抄』 鎌倉時代の聞書（他人から聞いた事柄を筆録したもの） **作者** 中原師元

関白太政大臣藤原忠実の談話を大外記中原師元が筆録したもの。有職故実に関することや人物の逸話などを、仮名交じりの漢文で書いている。『古事談』は本書から多く記事をとっているといわれる。

『影と花　説話の径を』 評論 **作者** 川端善明

日本語学、日本文学の研究者である筆者が、説話集と『梁塵秘抄』の逸話を引いて解説している。数々の説話作品の注釈・解説にとどまらず、読者が説話に参加して読むことを「説話化」と名付け、その魅力を論じる。

ている間であるといっても、入ってきていることは、けしからん事である。この陵王の面を作り直してしまったなあ。しかし見事に直されたことよ」と言って、勘当を許させるとかいうことだ。

【文章Ⅱ】
法成寺の阿弥陀堂の九体仏は、宇治殿以下の御子弟たちが、それぞれ分担して造立させた。法成寺の阿弥陀堂に運び申し上げなさる時に、車八両で四方に布を引き巡らして、雲などを描いて、その中に仏を安置し申し上げる。楽人は鼓を打ち、近衛の官人は車を引き、僧は行列する。阿弥陀堂に（仏が）安置し並べられてその後、藤原道長が、仏師康尚におっしゃって言うことは、「直さなければならない部分があるか」と。申し上げて言うことは、「直さなければならない部分がございます」。工事用の足場を用意してその後、康尚が言うことは、「はやく上りなさい」と言ったところ、二十歳ほどである法師で、薄紫色の指貫に、薄紅色の裘代に、裳は身につけて、袈裟は掛けていなかった法師が、槌・鑿を持って金色の仏の顔を削った。道長が康尚におっしゃって言うことは、「あれはどういう者か」。康尚が申し上げて言うことは、「康尚の弟子、定朝である」と。その後、（道長が）気に入りなさって、（定朝は）この世の群を抜いてすぐれた者になった。

解説

問1

(ア) **正解＝①**

「至心」は、「きわめて誠実な心・真心」のことで、現代語でも同じ意味である。定朝は、依頼を受けた面を真心込めて彫ったのである。②「無心になって」は雑念を持たない様子、③「得意になって」は誇らしげな様子、④「苦心して」は苦労している様子、⑤「緊張して」は気持ちが張り詰めている様子で、いずれも間違い。

(イ) **正解＝⑤**

感動詞「あな」は喜怒哀楽いずれにも用いられるもので、「**あな＋形容詞の語幹」で、「ああ、〜なことよ」と訳す**。より強い感嘆文として、「あな〜や（詠嘆の間投助詞）」の形をとることも多い。ここでは、「心う」が形容詞「心憂し」の語幹。形容詞「心憂し」は「つらい・情けない・いとわしい」などの意味。

(ウ) **正解＝②**

謙譲語「奉る」は本動詞の場合は「差し上げる・献上する」の意味。①「仏師と名乗」る、③「舞」う、④「直さずにいる、⑤「いらっしゃ」るは、いずれも、謙譲の本動詞「奉る」の訳語ではない。「れ」は尊敬の助動詞「る」の連用形。「たら」は完了・存続の助動詞「たり」の未然形。「**ましかば」は反実仮想の助動詞「まし」の未然形（已然形とする説もあ**

る）「ましか」に接続助詞「ば」が接続したもので、仮定条件を表し、「〜たならば」と訳す。

問2　正解＝⑤

① a「打ち（動詞・四段・連用）＋奉る（謙譲・動詞・四段・終止）＋べき（命令・助動詞・連体）」であり、「お作り申し上げよ」と訳す。ここで作られる「陵王の面」は、宮中の警護にあたる役所のために作るのであり、それは最終的には天皇を警護するために作るものである。したがって、敬意の方向は、筆者から「左近府（宮中・天皇）」。

② b「ゆるさ（動詞・四段・未然）＋しむ（使役・助動詞・終止）」であり、「許させる」と訳す。この「しむ」は使役の用法であり、尊敬ではない。助動詞「す」「さす」「しむ」が、直後に他の尊敬語を伴わずに用いられる場合は、使役の用法である。

③ c「渡し（動詞・四段・連用）＋奉ら（謙譲・動詞・四段・未然）＋るる（尊敬・助動詞・連体）」であり、「運び申し上げなさる」と訳す。ここは、「九体仏」を法成寺阿弥陀堂に運び込む場面であるが、この「九体仏」は、「宇治殿以下公達」がそれぞれ分担して造立したものであるから、運び込む手配をしたのも、「宇治殿以下公達」であると考えられる。したがって、「るる」の示す敬意の方向は、筆者から「宇治殿以下公達」。

④ d「仰せられ（尊敬・動詞・下二段・連用）＋て（接続助詞）」であり、「おっしゃって」と訳す。「仰せらる」は「言ふ」の尊敬語。ここは、「御堂（藤原道長）」が、仏師康尚に話しかける場面である。したがって、敬意の方向は、筆者から「御堂」。

⑤ e「おぼしつき（尊敬・動詞・四段・連用）＋て（接続助詞）」であり、「気に入りなさって」と訳す。**「おぼしつく」は、「心をひかれる・気に入る・好感を持つ」の意味の動詞「思ひつく」の「思ひ」の部分が尊敬語になった形**である。ここは、大勢の前で父の作品に堂々と仕上げの仕事をした定朝を、藤原道長が気に入るという場面である。したがって、敬意の方向は、筆者から「御堂（藤原道長）」。これが正解。

問3　正解＝②

【文章Ⅱ】の場面を確認しよう。阿弥陀堂に仏を運び入れる場面で、藤原道長が「直さなければならない部分があるか」と康尚に尋ね、康尚が「直さなければならない部分があります」と答えるところである。この後、康尚の指示で、康尚の息子である定朝が仏の面に最後の仕上げをすることになる。

この部分について**【文章Ⅲ】**の②段落には、「それは子を、その技倆を以て道長の権力に推挙することであった」とある。康尚は、道長はじめ、並み居る貴族たちが見守る前で、息子が仏に仕上げの鑿を入れるという場を作り、それを息子の初舞台としてお膳立てしたのである。仏師定朝のまさに輝かしいデビューの場といえよう。①は「息子の定朝が」以下が間違い。息子の定朝が自分でこの場を仕組んだわけではない。③は「息子の定朝の」以下が間違い。そこにある仏に彫刻を施していたのは父の康尚である。④は「大勢の前で」以下が間違い。自分の恥をそそいでもらいたいのではなく、息子の腕前を皆に見せるためにこうした場を演出している。⑤は全体的に間違い。

なお、実際には『中外抄』の本文に康尚の心情は書かれていないので、正確にはわからない。康尚は、道長に対して「直さなければならない部分があります」と答えているが、はたして本当に自分の作品に不満だったのか、あるいは息子に仕上げをさせるためにわざとそうしたのかは、読者が推測するしかないが、どちらであるにせよ、その行為について、**【文章Ⅲ】**の筆者は、息子定朝を「道長の権力に推挙することのためであると捉えている。正解は②。

問4

(i) **正解＝④**

【文章Ⅲ】「定朝は覚助を容れた」は、生徒Cの言葉にあるように、**【文章Ⅰ】**『古事談』について書かれた部分である。勘当中であった息子覚助は、父定朝の作品に手を加える。勘当中であった上に、自分の作品を勝手に改作されたのだから、普通であれば、怒るところであろうが、「定朝は覚助を容れた」というのである。その理由は、**【文章Ⅲ】**の「定朝は覚助を容れた」の前に「昔、法成寺……重ねた」とあるように、昔の自分の行為と、今の息子の行為とを重ね合わせて考えたからである。父康尚が息子である定朝の最後の仕上げを評価したように、定朝もまた息子覚助の仕上げの見事さを「容れた（＝受け入れて評価した）」のである。

①「むずむずとけづり直して」、②「もとのごとく柱に懸けて」は、息子覚助の動作なので、間違い。ここでは、定朝が覚助を受け入れる行為を選ばなければならない。③「奇怪なる事なり」は、勘当中の息子が家に出入りしていたことを知って怒っている定朝の発言なので、間違い。④「ただしかなしく直されにけり」が「容れた」に該当する部分として正解である。

「ただし」は、前に述べたことについて条件や例外を付け足す時に使うもので、「しかし・だが」の意味である。息子が勘当中も家に入っていたことをけしからんと言いながらも、しかし陵王の面の直し具合は立派だと例外的に褒めている。**形容詞「かなし」は、情愛が痛切で胸が詰まる感じ、深く心を打たれる様子**を表し、「身に染みて面白い・強く心が引かれる・すばらしい」と訳すことがある。息子の施した仕事は、定朝にとって、すばらしく心引かれるものであったのだ。助動詞「けり」は詠嘆の用法で、「〜なあ・ことよ」と訳し、深い感慨を表す。自分の留守中に勘当中の息子がこっそりと訪れ、父親の面を削り直した跡を見つけて、「しかし見事に直されたことよ」とその技倆を認め、息子を容認しているのである。正解は④。

(ii) **正解＝③**

【文章Ⅲ】の4段落でいう「この説話」というのは、**【文章Ⅰ】**『古事談』のことである。**【文章Ⅲ】**の中で、『古事談』について言及されているところを見ていこう。3段落に「定朝は覚助を容れた。これはそういう説話である。」、4段落に「覚助の若い覇気を、父としてよろこんで定朝が聴(ゆる)した。そういう話である。」、「聴すことを、…定朝がなした」、6段落に「若い覇気に…覚助は許された。…覚助の勘当を許した。よろこんで子を容れた」とあり、この四箇所は同じことをいっている。**重要なキーワードは「容・聴・許」**であり、これらが繰り返し語られているこの部分が、**【文章Ⅲ】**の筆者が考える『古事談』のテーマにあたる。そして、ただ単に放蕩(ほうとう)息子を許すという話ではなく、「覚助に…自分を想起して重ねた」(3段落)、「昔の自分に重ねることにおいて」(4段落)、「定朝は、昔の定朝を覚助に重ねるとともに」(4段落)とあるように、息子の姿を、**【文章Ⅱ】**『中外抄』に書かれているかつての自分に重ね合わせた上で、息子を受け入れ、許すことに至ったのである。「**重ね**」もキーワードとして見逃してはならない。

繰り返される表現は、現代文、古文ともに重要である。

①全体として間違い。『中外抄』は父親が息子の行為を「許した」話ではなく、父親の寛大さがテーマなのではない。②も全体として間違い。若い覚助が定朝より優れていて、定朝が自分の老いを認めざるを得ないと感じているという内容の記述はない。③これが正解。昔の自分の行為と今の覚助の行為を重ねた上で息子の技倆を認める、父としての思いがこの説話のテーマであると、**【文章Ⅲ】**の筆者は考えている。④「個性を受け入れて伸ばしてやろう」という話ではない。仏師としての息子の才能を認めているのがポイントであるから、それに言及していないのは論外である。

(iii) **正解＝②**

選択肢の構造をみると、「直接の関連が明示されていない**【文章Ⅰ】**と**【文章Ⅱ】**の二つの話を結びつけて、…に着眼し、…推測してみること」という形はすべて同じなので、何に着眼して何を推測してみるのかを、**【文章Ⅲ】**から読み取ればよい。(ii)でも考察したように、定朝は、息子覚助の姿にかつての自分の姿を重ね合わせて、息子を受け入れる境地に至った。そして、それにとどまらず「今の定朝をあのときの父・康尚に重ねることになった」(4段落)。**【文章Ⅱ】**で、父康尚の作品にためらいなく刃を入れた覇気あふれる青年定朝が、**【文章Ⅰ】**では父親になって、息子覚助の覇気あふれる同様の行為を許すに至る。**【文章Ⅰ】**と**【文章Ⅱ】**の前後の日々はどこにも描かれておらず、その間の登場人物の人間的成長の様子は読者が想像するしかないが、ひょっとすると、定朝の父康尚にも父親から成長の機会が与えられたことがあったのかもしれないし、また息子覚助もいつの日か父となり、この日のことを思い出すのかもしれない。こういった想像を楽しむことが、【文章Ⅲ】の1段落に書かれている「説話というものに、参加してみること」、つまり「説話化」である。

以上の内容をふまえた②が正解。

①は父子の関係について書かれておらず、間違い。③は「祖父康尚と孫覚助の芸術家としての」も「仏師の系譜」も間違い。祖父と孫を一足飛びに結びつけるのではなく、「康尚—定朝」「定朝—覚助」というそれぞれの父子関係が重要。

④「仏師にも普通の父子と同じ日常がある」が間違い。この二つの逸話に描かれているのは「術道・技能における父子」の、仏師同士であるからこその関係性である。また、確執があったのは、【文章Ⅰ】の親子であり、【文章Ⅱ】からは親子の確執があったことはわからないので、その点も違う。

美しすぎる武人

【文章Ⅰ】で、定朝が打ち、覚助が削り直した「陵王の面」の「陵王」とは、高長恭（こうちょうきょう）という実在の人物がモデルです。中国・斉（せい）の人で、「あまりにも美しいために、その美貌が味方の士気を下げることを恐れ、また敵を威圧する迫力に欠けることを嫌って、常に仮面をつけて戦っていた」という伝説が誕生しますが、それはどうやら作り話であるようです。彼をたたえる『蘭陵王入陣曲（らんりょうおうにゅうじんきょく）』が、唐代に日本に伝わり、舞楽『陵王（蘭陵王）』として演じられるようになりました。『陵王』は美しい赤の装束で舞われる勇壮な舞楽です。『源氏物語』「御法巻（みのりのまき）」では、紫の上による法華経千部供養（ほけきょうせんぶくよう）の場面に、「陵王の舞ひ手急（きふ）になるほどの末（すゑ）つ方（かた）の楽、はなやかににぎははしく聞こゆるに」とあり、法要のクライマックスを彩る華やかな舞が目に浮かびます。舞楽は舞をともなう雅楽ですが、現代では、雅楽というと、正月番組のBGMに流れる和風音楽という程度の認識かもしれません。しかし、現代語の「打ち合わせ」という言葉は、雅楽で音を合わせる際に、打楽器が「打つ」音に他の楽器が「合わせる」という「打ち合わせ」に由来するものだとも言われており、案外、我々の生活と近いのかもしれません。

改①20240406